Retiro de [illegible]

VIENTO más FUEGO

Jenny Gonzalez

VIENTO más FUEGO

Marco Barrientos

con Aquiles Azar,
Lindell Cooley
y otros

CASA
CREACIÓN

La mayoría de los productos de Casa Creación están disponibles a un precio con descuento en cantidades de mayoreo para promociones de ventas, ofertas especiales, levantar fondos y atender necesidades educativas. Para más información, escriba a Casa Creación, 600 Rinehart Road, Lake Mary, Florida, 32746; o llame al teléfono (407) 333-7117 en Estados Unidos.

Viento más fuego por Marco Barrientos
Publicado por Casa Creación
Una compañía de Charisma Media
600 Rinehart Road
Lake Mary, Florida 32746
www.casacreacion.com

Director de diseño: Bill Johnson

Visite la página web del autor: www.aliento.org

Library of Congress Control Number: 2013933905
ISBN: 978-1-62136-450-4
E-ISBN: 978-1-62136-454-2

Impreso en los Estados Unidos de América
13 14 15 16 17 * 7 6 5 4 3 2 1

Contenido

Introducción

Viento más fuego

El *viento* y el *fuego* son elementos que representan la manifestación del Espíritu Santo en este tiempo en la Iglesia. Para poder experimentar las olas de poder y unción que cubrieron a los cristianos de la iglesia primitiva del libro de los Hechos es necesario buscar del fuego y el viento de Dios cada día. Ellos traerán la renovación que necesitamos para avanzar en la fe.

El *fuego* es el elemento que limpia y purifica, pero también transforma y derrite. El fuego trae pureza al fundir los metales y hacer aleaciones poderosas.

El *viento* tiene que ver con el refrigerio de Dios. El apóstol Pedro predicó que el arrepentimiento traería tiempos de refrigerio a través del soplo que el viento de Dios traerá como manifestación del Espíritu Santo. Pero el viento no refresca solamente, también impulsa y empuja. El viento se relaciona con la inspiración, con la creatividad, con todas aquellas cosas que el Señor quiere lograr a través de la vida de una persona inspirada y creativa.

Para cumplir la Gran Comisión es necesario tener una pasión renovada, para ello es necesario ser transformados por el fuego santo, que te inspirará con el viento de su Espíritu y te dará aliento con la Palabra de su boca.

El estruendo de muchas aguas resonará en tu corazón y llamas de fuego arderán sobre tu cabeza. Él te impulsará para cumplir tu propósito en esta tierra.

—Marco Barrientos

Capítulo 1

Tabernáculo de alabanza

por Lindell Cooley

Como todo joven, consideraba importante estar siempre a la moda. Cuando llegué a adulto, dejé de estar tan atento a esos detalles. Hoy, pasados los años, veo que aquello que usaba durante mis días juveniles regresó para estar nuevamente de moda.

Hace un tiempo, mientras escuchaba la radio oí una canción de los años setenta. Cuando pregunté sobre esa música a quienes me acompañaban me respondieron que se trataba de una banda actual; sin embargo, yo podía tocar esa melodía porque la conocía desde hacía muchos años.

Todo tiene un ciclo, y si vives el tiempo suficiente, podrás volver a usar la ropa que hoy es parte de la moda. Así que guárdalas porque en algunos años no necesitarás comprarla.

Por eso considero necesario mantenerme en contacto con los jóvenes de mi iglesia, ya que ellos siempre están muy al tanto de lo que está sucediendo en el mundo. Amo la música, y sé que hay temporadas en que ella cambia, así como la ropa.

En los ochenta todo lo que hacíamos estaba basado en la excelencia, y pasábamos todo nuestro tiempo practicando y trabajando para hacer las cosas de una manera excelente. Realmente nos hicimos especialistas del tema, pero se hizo muy aburrido. Para ese entonces en la iglesia todo tenía un tiempo determinado para llevarse a cabo, todo estaba programado y era bueno, pero muy aburrido.

Los jóvenes de esta generación están cansados de escucharnos hablar de lo que no podemos producir. Predicamos acerca de milagros y no ven ninguno. Nos escuchan hablar acerca de cómo la fe levanta los muertos, pero los muertos no se levantan. Escuchan sobre la prosperidad, pero nadie prospera. Ellos desean ver el poder de Dios.

He oído a pastores decir que esta es una generación difícil, pero estoy en desacuerdo con ellos. Tenemos una generación que al ver desarrollar nuestro ministerio nos confrontarán al decir: «Espero que seas algo más que un show. Más vale que vivas lo que predicas». Esta generación está pidiendo por algo que la anterior generación no le pudo dar. Al mismo tiempo nunca antes he visto tanta gente abandonando el ministerio y cayendo en pecado.

Es un nuevo día, es tiempo de orar, ayunar, de poseer lo que decimos que tenemos, es tiempo de profetizar. La gente está cansada de la manipulación a través de las emociones. Asisten a congresos internacionales y regresan a su casa sin ningún cambio. Han descubierto que si desean ver un show pueden visitar la ciudad de Nueva York y presenciar actuaciones brillantes. Si quieren participar de un buen concierto, pagan una entrada y presencian un excelente espectáculo en lugar de una actuación mediocre.

Si deseas servir a Dios desde la excelencia, debes estudiar y practicar, debes hacer lo mejor. Pero permíteme aclararte algo: «Tu mejor» nunca impresionará a Dios. Él ya ha escuchado lo mejor. Los ángeles no esperan a que tú escribas una canción, Él no está asomándose desde el cielo a observar cuando cantas o cuando predicas un sermón. No imagino a Dios comentándole a los ángeles: «Nunca había escuchado algo así. ¿Oíste eso? ¿Alguna vez habías escuchado una predicación tan brillante? Seguramente Miguel nunca había oído esto, mira lo que están haciendo estos jóvenes». Dios puede hacer muchas cosas más maravillosas por accidente de lo que nosotros podríamos intentar producir durante toda nuestra vida.

¿Por qué debemos mejorar? Porque si estás en el Reino y haces lo mejor que puedes, ofreces lo mejor que tienes. El secreto es darte cuenta que realmente no es tan bueno, aunque sea lo mejor que tú puedes hacer. Y cuando la gente se acerca a ti y te dicen: «Wau, ¡qué predicación! ¡Qué bonito cantas!». Te sonríes, meneas tu cabeza, das gracias, regresas a tu habitación y luego dices: «Dios, se estaban jactando de ti porque yo no hice nada. Si algo es bueno será porque proviene de ti, porque eres el Dios de las luces, de toda buena dádiva».

Estoy cansado de ejercicios emocionales, de predicadores y músicos muy grandes a quienes nadie puede tocar. Quienes formamos parte de un ministerio espiritual debemos saber que somos siervos. Sólo hay un Rey en este reino.

Todo vuelve, nada cambia

En mi iglesia, en la ciudad de Nashville, hay muchos latinos que están siendo transformados por Dios, pero parece que a los anglos no les gusta eso. Una mujer visitó nuestra iglesia y dijo: «Es que esta gente está por todos lados». Luego de decir esas palabras con tono desagradable contra los extranjeros, subí al púlpito, tomé la Biblia y expliqué algunas cosas que dice acerca de cómo tratar a los extranjeros: «Llévalos a tu casa, dales de comer; si no tienen ropa, dales, y mándalos con algo de dinero».

La mujer se quedó mirándome como si hubiera recibido un golpe en la cabeza:

—No puedes hablar en serio, —me dijo—,

además eso se escribió hace mucho tiempo. Yo no confío en esta gente, creo que me van a robar algo.

—Si tienes dos abrigos y te encuentras con alguien que no tiene ninguno, dale los dos abrigos, —continué leyendo.

—Pero no son muy buena gente, —respondió.

—¿Alguna vez has estado en un país que no es el tuyo? ¿Alguna vez te han maltratado y amenazado con meterte en la cárcel? ¿Alguna vez has tenido parientes, tíos, hijos hambrientos que necesitaban cuidados, y a cientos de millas había un lugar donde podías tener la oportunidad de hacerlo?, —le pregunté.

—Nunca me ha pasado eso, —contestó.

—Entonces no tienes ningún derecho de maltratar a la gente de Dios.

Eso es lo mismo que sucedió en el capítulo 15 del libro de Hechos. Estaban los ancianos de la iglesia de Jerusalén discutiendo acerca de la salvación de los gentiles, a quienes la Biblia llama «incircuncisos». Ellos decían que los gentiles no eran merecedores de la salvación si no eran judíos, ya que Dios no tenía tiempo para ellos. Pero esa gente no deseada estaba ingresando al grupo. Debían hacer algo al respecto.

Tal era la discusión por la salvación de los gentiles que Pedro los exhortó y les dijo: «Dios escogió que los gentiles oyesen por mi boca la palabra del evangelio y creyesen» (Hechos 15:7b).

Dios no hizo diferencia y había enviado sobre ellos el Espíritu Santo y la salvación, igual que a los judíos que creyeran en Jesús.

«Entonces toda la multitud calló, y oyeron a Bernabé y a Pablo, que contaban cuán grandes señales y maravillas había hecho Dios por medio de ellos entre los gentiles» (Hechos 15:12).

La reconstrucción del tabernáculo

«Y cuando ellos callaron, Jacobo respondió diciendo: Varones hermanos, oídme. Simón ha contado cómo Dios visitó por primera vez a los gentiles, para tomar de ellos pueblo para su nombre. Y con esto concuerdan las palabras de los profetas, como está escrito: Después de esto volveré y reedificaré el tabernáculo de David, que está caído; y repararé sus ruinas, y lo volveré a levantar, para que el resto de los hombres busque al Señor» (Hechos 15:13-15).

Ya sea que fueres hispano o anglo, nunca reemplazaremos a los judíos. Dios los ama mucho y reconstruirá el tabernáculo para que los judíos que quedan en la tierra busquen al Señor. ¿Quieres bendición en tu vida? Ora por Jerusalén. La Biblia dice que cualquiera que bendice a Jerusalén será bendito.

Dios tiene una casa favorita que ama y desea

reconstruir. Él dijo que reconstruirá el tabernáculo de David que está caído. La referencia de ese texto de Hechos corresponde a un texto del libro del profeta Amós [9:11]. Cada vez que Dios trae un versículo del Antiguo Testamento y lo repite en el Nuevo Testamento tiene una muy buena razón para hacerlo.

En el tiempo en que esto ocurría en el concilio de Jerusalén, el día de Pentecostés todavía estaba muy fresco en la mente de muchos. Ese día Dios envío algo más que las lenguas; comenzó un proceso que continuaría hasta que Jesús regrese: la reconstrucción del tabernáculo de David.

Muchos conocen acerca del tabernáculo de Moisés, pero ese nunca será reconstruido. Solamente tenía el propósito de mostrarle a Israel cuán santo era Dios, porque los judíos necesitaban saber que por más que trataran de ser santos, Dios estaba muy por encima de eso. Él quería mostrarles que por más que trataran de vivir la ley, no podrían.

He intentado encontrar algo en el Nuevo Testamento que hable de la cobertura de mis pecados, pero descubrí que éstos han sido lavados, olvidados, pero no fueron cubiertos. No estoy cubierto por la sangre de Cristo, antes bien soy lavado por su sangre. Hay una diferencia. En el Antiguo Testamento sólo tenías una cobertura un día al año, el día del arrepentimiento.

El tabernáculo de Moisés era una tienda con

columnas y velos. Tenía un atrio, atrio interior, el lugar santo y el lugar santísimo donde estaba el arca del pacto con los ángeles encima. Había sacrificios de animales, muchos sacerdotes, pocos levitas y pocos músicos. Lo conocían como el tabernáculo en el desierto.

La versión elaborada del tabernáculo de Moisés era el tabernáculo del templo de Salomón. Era de mármol, oro y plata, pero todavía tenía sacrificios de animales. Los sacerdotes descendientes de Aarón hacían el trabajo. Había unos pocos músicos. También estaba el atrio, atrio interior, lugar santo y lugar santísimo. Todo era casi igual que el tabernáculo de Moisés.

Este era el tabernáculo permanente que David quería construir en Jerusalén para el Señor, pero no pudo. Entonces Salomón lo construyó. Cuando dedicaron este lugar al Señor, su gloria cayó allí y llenó el lugar.

Un sonido fue lo que trajo la gloria del Señor. Cuando los sacerdotes, levitas, los que tocaban trompetas, músicos y cantantes alzaron un sonido, la gloria del Señor descendió y ya no pudieron tocar más por el peso de la gloria.

Entre los tiempos de estos dos tabernáculos, hay un lugar muy pequeño y extraño: el tabernáculo de David. Este, al igual que el de los indios americanos que vivían en unas carpas con tres estacas y una manta alrededor, no tiene ningún atrio, ningún lugar santo, ningún lugar santísimo, no hay columnas ni velos. No tiene un altar de bronce ni panes de la proposición. No hay sacerdotes, pero hay un montón de músicos; y está el arca del pacto. Todo el mundo puede entrar durante todo el día donde esté el arca. Los sacerdotes, los levitas, David mismo, los cantantes, los que bailan, los músicos, podían ingresar a su presencia todo el día.

Tanto en el tabernáculo de Moisés como en el de Salomón, el pueblo podía ingresar solamente una vez al año, pero en el tabernáculo de David podían hacerlo las veces que quisieran. Entonces, probablemente la razón por la cual Dios quisiera reconstruir esta tienda es porque le gusta estar con sus hijos más de una vez al año.

El valiente David

David era un muchacho bien parecido. Era un gran músico, pero su papá pensaba que era un poco extraño. Porque un día mientras su papá Isaí estaba en su oficina, sonó el teléfono. Era Samuel que le dijo: «Iré a tu ciudad en Israel, ungiré a alguien en tu casa que será el próximo rey de Israel y toda mi unción estará sobre él». Sorprendido, Isaí responde: «Muy bien, muchas gracias Samuel, estaré esperando».

Cuando cuelga el teléfono Isaí llama a su esposa y le pide que avise a todos sus hijos, menos a David, porque Samuel visitaría su casa para ungir al futuro rey de Israel. Isaí quería dar una buena impresión y David era un músico que tenía algunos problemas, nunca se sabía dónde andaba.

Todo estaba en orden, todos los hijos estaban en la casa, menos David. Al arribar a la casa, el profeta Samuel dijo: «Isaí, de tu casa saldrá el próximo rey. El Señor ha rechazado a Saúl. Ungiré a uno de tus hijos como rey».

Isaí comienza a presentarle a cada uno de sus hijos:

—Este es el más grande de mis hijos, es alto y guapo.

—Sí, pero el Señor no ha escogido a ese, —responde Samuel.

Cuando ya le presentó a los siete hijos, ninguno de ellos era el que Dios había escogido. Entonces Isaí recuerda que todavía tenía otro hijo más.

—¡Ah, tenemos un hijo más!, pero no creo que sea rey, es que es un músico. El otro día mi esposa y yo estábamos caminando por la pastura y cuando llegamos al bosque vimos a David que estaba haciendo algo muy raro, estaba hablando solo, nadie lo acompañaba. Él dijo que hablaba con Dios. También nos contó que mató a un oso y a un león, pero él es tan pequeño, ni siquiera tiene callos. Sus manos son muy suaves, manos de músicos. ¡Imagínate a un músico matando leones!

—A ese es a quién el Señor ha escogido, —dijo Samuel.

Me encantan las cosas de Dios, tiene sentido del humor. Él escoge a personas extrañas, diferentes, como Kathryn Kuhlman y Benny Hinn.

Luego de haber sido escogido David como futuro rey de Israel, una tarde su padre le dijo: «Tus hermanos están peleando con los filisteos, llévales algo de comer».

David va al lugar de batalla y ve a sus hermanos muchos más altos que él y al rey Saúl. En ese momento el gigante Goliat dijo: «A ver ustedes, cobardes, salgan y peleen conmigo. Los mataré a todos». Pero luego de confrontarlos, Goliat comete un gravísimo error: comienza a maldecir a Dios.

A David no le molestó que ofendiera a sus hermanos, pero cuando maldijo al Dios a quien él amaba con todo su corazón, se dio cuenta que alguien debía detenerlo. Nadie se animaba a hacerlo, entonces David decidió hacerlo. El rey Saúl lo vio pequeño y le ofreció su armadura, pero cuando David intentó colocársela notó que le quedaba grande y se la quitó.

Cómo me gustaría ver a muchos cristianos celosos de Dios, me gustaría verlos molestos al observar cómo la gente trata a Dios. Quisiera ver que algunos músicos se preocuparan más por Jesús que por su música. Desearía ver a jóvenes que se enamoren profundamente de Dios, porque cuando estás enamorado Él se manifiesta con milagros y maravillas a través de tu vida.

David pasaba tiempo con el Señor. Él realmente había matado al león y al oso, y lo hizo porque probablemente el oso estaba interrumpiendo su tiempo de adoración. David no pensaba en lo grande que era Goliat, porque él había estado con Dios, y cuando has estado con Él no tienes miedo.

Un vislumbre de la casa

David le dijo a Goliat: «Vengo a ti en el nombre del Señor», lo miró directo a la cabeza y encontró un lugar para dar al blanco. Cuando lo tumbó, se acercó, tomó la espada del gigante y le cortó la cabeza, llevándosela ante sus hermanos y el rey Saúl.

Por consiguiente, Dios le dijo a David: «Por cuanto me amas tanto, verás lo que me has pedido que es construirme una casa. La casa que tu hijo Salomón construirá maravillará a los hombres, alabarán la casa y los reyes y reinas verán cuán maravilloso es tu hijo, porque tú me amas tanto. Aparte de Abraham y Moisés no he encontrado este tipo de amor en ningún otro lado. Dejaré que construyas un lugar que visitaré, un lugar profético. No es tiempo para la Iglesia, pero te daré una pequeña ventana de la Iglesia».

Dios le permitió a David ver y experimentar lo que venía. Antes de que Jesús naciera en esta tierra, David pudo ir a la presencia del Señor. Antes que la gracia, la sangre y la misericordia de Dios se hicieran presentes en esta tierra a través de Jesucristo, David pudo ir a la presencia de Dios con todas sus imperfecciones, con toda su humanidad. Dios le dijo: «David, te dejaré entrar a mi presencia a causa de tu amor. Romperé las reglas porque me deseas tanto».

Casa de alabanza y adoración

Dios se está moviendo entre los músicos, cantantes y pastores a causa de la adoración. Me emociona tanto asistir a congregaciones donde los pastores realmente adoran a Dios. Si eres pastor y no eres adorador, tus días están contados, estás de salida, porque Dios no reconstruirá tu casa, Él reconstruye la casa de alabanza y oración.

Soy pastor, creo en la predicación y en la enseñanza, pero creo que realmente se necesita explicar lo que Dios está haciendo. La Biblia dice: «¿Cómo oirán si nadie les predica?».

En el primer sermón después del día de Pentecostés, Pedro no estaba predicando acerca de una revelación nueva, no estaba hablando de un avivamiento, estaba explicando lo que había acontecido. Cómo me gustaría que los sermones que se prediquen en la iglesia expliquen lo que acaba de suceder, en vez de tratar de crear un fuego. Entonces el fuego de Dios vendrá. Él dijo: «Regresaré, regresaré».

Fui parte del avivamiento de Brownsville, pero ya no estoy allí porque el fuego se acabó. Dios se ha mudado de allí. La iglesia continúa y es una gran iglesia. Tiene un gran pastor, y mientras ellos busquen la presencia de Dios, siempre será una gran iglesia. Pero lo que Dios hizo en los años 96 y 97 es lo que quiere hacer en todo lugar. No quiere limitarlo a un lugar, un edificio. Dios desea que todas nuestras iglesias se conviertan en casas de gloria. Pero esto no sucederá hasta que cambiemos algunas cosas, hasta que comencemos a atraer al Señor.

Proféticamente digo: «Llegará un día cuando la gloria del Señor atraerá los perdidos al reino a una velocidad tan rápida que no vamos a saber qué hacer. Vendrá un tiempo cuando habrá líderes de alabanza invisibles, pastores invisibles y líderes invisibles, no sabrás quiénes son, no sabrás dónde están, solo sabrás que están pastoreando. Vendrá un tiempo en el que Dios nos deslumbrará, y la siega abrumará al que esté recogiéndola. La Biblia lo llama «el derramamiento de la gloria del Señor».

La Palabra de Dios dice que la gloria del Señor cubrirá esta tierra como las aguas cubren el mar. Estamos al borde de eso. Lo vemos proféticamente. La razón por la cual participo en este libro es porque quiero que la gente de Dios tome esta palabra y diga: «Señor, construiré una casa donde te sientas cómodo».

Deseo ver iglesias con luces encendidas y alabanzas a Dios sonando. Tal vez no sea una reunión programada, no hay ningún orador invitado, pero los músicos, pastores y predicadores desean que la oración, la adoración y las alabanzas a Dios se eleven en el templo. Así lo hacía David en el tabernáculo. Él mantenía esa fragancia elevándose al Señor de día y noche. Hay tantos músicos, un montón de cantantes en la alabanza, mucha gente en la oración y un cuerpo de pastores que pueden preocuparse por hacerlo.

Te desafío a que escojas una noche de la semana, lleves a los músicos a esa habitación. No toques las alabanzas que conoces, si necesitas bajarlos de la plataforma, hazlo. Invita a más guitarristas y ponlos a alabar y adorar al Señor. Llena la casa con fragancia de alabanza, aunque sea una sola noche a la semana y verás un cambio, notarás la diferencia. Dios reconstruirá esa casa otra vez.

Lindell Cooley creció como hijo único de un ministro en el norte de Alabama, rodeado de música a lo largo de sus años formativos. Su primera experiencia musical práctica llegó a la edad de cinco años cuando aprendió a tocar el tamborín. Desde entonces se dedicó a tocar la batería, bajo, órgano y piano. A la edad de veintiún años, Lindell pasaba parte de su tiempo tocando el piano con músicos cristianos y sirviendo como pastor asociado en la iglesia de su padre.

En el verano de 1994, Lindell visitó la iglesia Brownsville Assembly que lo llevó a trasladarse de Nashville, Tennessee a Pensacola, Florida un año después, siendo parte de uno de los avivamientos históricos como director de alabanza. Con cerca de cuatro millones de visitantes y sin miras de llegar a un final, el avivamiento en Pensacola continúa atrayendo gente de todas partes del mundo.

El primero de enero de 2004, Lindell dejó de ser el director de Alabanza en Brownsville Assembly para plantar y ser pastor de la iglesia Grace Church en Franklin, Tennessee. Si deseas conocer más acerca del ministerio de Lindell visita: www.mmi-inc.com.

Santo

Letra y Música: Fernando Solares

Interpretado por Marco Barrientos

Hoy los ángeles están
Reunidos en tu altar
Y tu pueblo a una voz
Junto a toda tu creación
Exaltamos tu grandeza
Celebramos tu presencia.

Coro

Santo, santo
Santo, santo
Eres Dios nuestro Rey
Jesús.

Coda

Jesús, Jesús
Santo, santo
Padre tú
Santo, santo
Cristo tú
Santo, santo
Espíritu
Santo, santo.

Contempla

Una presencia refrescante

Antes de que yo naciera, y aún en mi niñez, los grandes avivamientos ocurrían en carpas. Mi abuelo y mi abuela no pensaban en sus compromisos y se quedaban en oración en la iglesia toda la noche.

Una vez mi abuela me contó que hicieron un ayuno de tres días en la iglesia. La gente no fue a trabajar el viernes y sábado, y suspendieron la reunión del domingo. Nadie se iba de la iglesia ni comían nada. Se quedaban en la presencia del Señor. Anhelo tanto ver algo así.

Algunos pensarán que no podríamos hacer algo así, que no hay tiempo para eso. Pero, si mañana, en alguna ciudad del mundo cayera una bomba atómica o hubiera temor de anarquía y holocausto, encontraríamos tiempo. Si una enfermedad infecciosa llegara a una nación, no hubiera vacuna contra ella y está matando a miles de personas, nuestra vida tan importante se detendría y encontraríamos el tiempo.

Dios usará hombres desconocidos, que estaban escondidos en el campo. No usará a cristianos famosos, usará a pastorcitos desconocidos que no han pensado en ellos mismos.

El Señor dice: «Tengo gente que tú no conoces, y que han estado clamando a los cielos pidiéndome un avivamiento. Sus oraciones tienen peso delante de mí, se han convertido en una suave fragancia. Los escuché y cambiaré esta ciudad, cambiaré estas familias. Llevaré mi gloria, mis señales y milagros a aquellos que me aman y me desean. Estoy cerca para escuchar sus alabanzas».

No conozco a ese pastor que ora desesperadamente por un avivamiento, pero el Señor le dice: «Ten ánimo, no pongas atención en la gente a tu alrededor. No pongas atención a las influencias que tratan de hablarte y sacar lo que tu corazón conoce. Acuérdate del día en que te llamé. Acuérdate lo que ese día puse en tu corazón. Yo soy fiel para hacer aquello que te prometí. No he cambiado de parecer. Ensancha tus planes. No mires a la gente, no permitas que te desenfoquen de tu visión. Regresa a la visión original y ve tras ella. Mi mano está sobre ti, Yo estoy contigo. No escuches las voces negativas. Llevaré un cambio, una nueva visión, una nueva dirección. Mi Espíritu ha oído tus deseos, si tú te acercas a mí y quitas toda distracción, te concederé el deseo de tu corazón».

Si te sientes desanimado, cansado, es que pasas demasiado tiempo fuera de su presencia por hacer la obra del ministerio. A menos que ingreses a su gloria, el ministerio te consumirá. Cuando te metas en la presencia de Dios, Él te refrescará.

Oración

«Bendigo a mi hermano. No sé su nombre pero lo bendigo, bendigo su corazón. Quito toda palabra negativa que fue puesta sobre su vida, toda restricción a su alrededor. Libero ese corazón joven que creía que Dios podía hacer cualquier cosa. Será un cambiador de naciones. Llamo a este hombre "cambiador de naciones" en el nombre del Señor, un corazón de adorador. Padre, levanta adoradores y llena las ciudades

con ellos. Lava, Señor, el polvo de la preocupación que ha caído sobre ellos. Bendícelos Señor».

—LINDELL COOLEY

Capítulo 2

El fuego del llamado

por Aquiles Azar

El relato me sorprendió, era una historia verídica. Una tarde, el Dr. Lester Sumrall leía el periódico en la marquesina de su casa en las Filipinas y le llamó la atención una noticia de primera plana que describía la condición de una muchacha endemoniada que estaba en la cárcel y los demonios la habían mordido. Mientras leía la nota, Dios le habló a Sumrall y le dijo: «Quiero que vayas a esa prisión y libertes a esa muchacha».

La primer respuesta fue contundente: «No, no iré, no tengo un ministerio de liberación, busca a otro que lo tenga». Pero Dios continuó insistiendo: «Tienes que ir». Luego de una firme negación, el doctor Sumrall persistió en su respuesta. Pero las circunstancias no son como nosotros las vemos, sino como Dios las ve. Ante la insistente resistencia de Sumrall, Dios le dijo: «No tengo a otro que me pueda ser fiel como tú. Debes ir».

Es muy probable que en este momento, tú seas el único que Dios tenga preparado para realizar una tarea específica. Hay mucha gente esperando ser libre, que anhela la esperanza que vendrá a través de ti.

Esa noche Sumrall respondió: «Iré Señor». Golpeó las puertas necesarias para llegar a aquella muchacha en la cárcel. Al hacerlo oró por ella y fue libertada. Esa noticia también fue publicada en la primera plana de los diarios: «Dios es real y usó a un predicador para libertar a la endemoniada». El alcalde de la ciudad se acercó al Dr. Sumrall y le dijo: «¿Qué quieres que hagamos por ti? Te entregaremos las llaves de la ciudad». Pero lo único que el Dr. Sumrall pidió fue que reuniera a todo el pueblo en la plaza principal porque él tenía unas palabras que decirles. Esa fue la primera de sus grandes campañas. Desde ahí en adelante las Filipinas conocieron el mover de Dios. Miles y miles de personas se acercaron a los pies de Jesús.

El poder de Dios

La evidencia del Espíritu de Dios y su poder es el resultado de una transformación en nosotros. Su presencia produce cambios, señales, prodigios y milagros.

«Pues me propuse no saber entre vosotros cosa alguna sino a Jesucristo, y a éste crucificado». Y luego dijo: «Ni mi palabra ni mi predicación fue con palabras persuasivas de humana sabiduría, sino con demostración del Espíritu y de poder» (1 Corintos 2:3-5, énfasis del autor).

El poder de Dios es el fuego de Dios. Por años se ha predicado un Evangelio natural, pero es tiempo que creamos que el Evangelio es cien por ciento sobrenatural.

«Para que vuestra fe no esté fundada en la sabiduría de los hombres, **sino en el poder de Dios**» (1 Corintios 2:5, énfasis del autor).

El poder y el fuego de Dios son el fundamento de nuestra fe. Si necesitamos fe tenemos que estar apoyados en el Espíritu de Dios, en lo que el Espíritu Santo puede hacer y no en lo que podemos hacer por nosotros mismos. No es sabiduría humana, sino en todo lo que Dios puede hacer a través de nuestra vida.

El fuego de Dios

La vida de Moisés es muestra suficiente de lo que Dios puede hacer en la vida de un hombre a través del fuego de su poder. Podríamos considerar a Moisés como un hombre que había fracasado. Dios le había dado una promesa de gran conquistador, pero cuando inició su ministerio, el primer día mató a un egipcio. Se convirtió en un asesino y tuvo que huir al desierto durante cuarenta años. Esa fue la escuela que Dios utilizó para trabajar con la vida de Moisés. Él tenía un propósito el cual le fue revelado el día que tuvo un encuentro con el fuego santo de Dios.

«Y se le apareció el Ángel de Jehová **en una llama de fuego en medio de una zarza**; y él miró, y vio que la zarza ardía en fuego, y la zarza no se consumía» (Éxodo 3:2, énfasis del autor).

En medio de un arbusto ardía la gloria y la presencia de Dios a través del fuego. La llama de fuego representa al Espíritu Santo. El fuego de Dios consume, limpia, transforma y revela nuestras actitudes, lo que verdaderamente somos. El fuego de Dios nos purifica y santifica para que hagamos su obra.

Moisés vio que la zarza ardía y no se consumía, pero Dios no necesita de la zarza para que su fuego arda ya que es autosuficiente para arder por sí mismo. La zarza representa nuestra humanidad, lo que tú y yo somos, nuestra condición y debilidad. Dios no necesita de nosotros para que su fuego arda, pero nosotros sí necesitamos del fuego de Dios para ser lo que Él quiere que seamos.

¿Por qué razón la zarza no se quemaba? Moisés tenía que saber que el poder no vendría a él por su fuerza ni por sus habilidades. Él había comenzado su ministerio en su habilidad y fuerza, pero mató a un hombre y fracasó.

Nosotros también debemos aprender a no acercarnos a Dios por nuestras fuerzas, sino por su

Santo Espíritu. Debemos acercarnos al fuego de Dios, porque allí te enseñará que no es con tu fuerza sino con la suya, es con su poder y con su gracia, es con el favor de Dios.

El apóstol Pablo dijo: «Soy lo que soy por la gracia de Dios» (1 Corintios 15:10). Somos lo que somos por la gracia de Dios.

Yo era muy tímido, pensaba que nunca podría lograr nada en la vida y mucho menos hablar delante de la gente. Pero no es con nuestras fuerzas. En lo que nosotros somos débiles, el Señor nos hace fuertes. Él le dijo a Pablo: «Bástate mi gracia porque mi poder se perfecciona en tu debilidad» (2 Corintios 12:9).

No te consideres a ti mismo por lo que eres, sino por lo que el fuego de Dios hará sobre tu vida. Considera lo que Dios dice que eres, lo que dice que tienes y lo que Dios dice que puedes alcanzar. Si no te consideras a ti mismo sino a Dios y su fuego en tu vida, grandes cosas ocurrirán a través de ti.

Te llamó y te envió

> «Viendo Jehová que él iba a ver, lo llamó Dios de en medio de la zarza, y dijo: ¡Moisés, Moisés! Y él respondió: Heme aquí» (v.4).

Así como Dios llamó a Moisés te llama a ti y quiere que hagas lo que te ha encomendado. Tal vez es un ministerio pastoral o profético, de evangelista o de maestro, o algún don de servicio, pero tu vida tiene un propósito en Dios. No somos espectadores sino protagonistas. Cada mañana, a través de su gracia, Él te recuerda lo que te ha enviado a hacer.

Después de cuarenta años, Moisés estaba delante de Dios recordando lo que le había mandado a hacer, y cuando Dios lo llamó, le dijo: «Heme aquí».

«No te acerques; quita tu calzado de tus pies, porque el lugar en que tú estás, tierra santa es» (v. 5).

Cuando bíblicamente se hace referencia al calzado de nuestros pies, esto representa las pisadas humanas. Así Dios comienza a enseñarle a Moisés que lo primero que tenía que hacer era dejar de caminar por su propio andar y hacerlo de acuerdo a la Palabra. No es tu propósito sino el de Dios. No son tus pensamientos sino los de Él. No son tus planes sino los de Dios.

«Yo soy el Dios de tu padre, Dios de Abraham, Dios de Isaac, y Dios de Jacob. Entonces Moisés cubrió su rostro, porque tuvo miedo de mirar a Dios. Dijo luego Jehová: Bien he visto la aflicción de mi pueblo que está en Egipto, y he oído su clamor a causa de sus exactores; pues he conocido sus angustias, y he descendido para librarlos de mano de los egipcios, y sacarlos de aquella tierra a una tierra buena y ancha, a tierra que fluye leche y miel» (vv.6-8).

Mucha gente necesita ser libre y restaurada ya que está bajo el yugo de la esclavitud. El diablo ha querido aplastarte, porque pudo oler que hay en ti un potencial grande y extraordinario. Si el fuego de Dios desciende sobre tu vida tendrás un arma poderosa de Dios en contra de las fuerzas de las tinieblas para restaurar, libertar y llevar salvación a cientos de vidas. Mucha gente que anda sin Dios y sin esperanza está esperando por ti y por mí. Muchos esperan una palabra de fe, de liberación. Cuando el fuego de Dios empieza a arder en tu vida rápidamente respondes: «¡Heme aquí!».

Jeremías dijo: «Me sedujiste, oh Jehová, y fui seducido; más fuerte fuiste que yo, y me venciste. (...) Y dije: No me acordaré más de él, ni hablaré más en su nombre; no obstante, había en mi corazón como **un fuego ardiente metido en mis huesos**; traté de sufrirlo, y no pude» (Jeremías 20:7, 9, énfasis del autor). Él es más fuerte de lo que tú y yo podamos pensar, tener o alcanzar en nuestra vida. El fuego de Dios arderá en tu vida aún cuando quisieras olvidar el llamado que Dios ha hecho a tu vida hace algunos años.

«Ven, por tanto, ahora, y te enviaré a Faraón, para que saques de Egipto a mi pueblo, los hijos de Israel» (Éxodo 3:10).

El propósito del fuego de Dios en tu vida no es únicamente bendecirte y encender tu vida, sino que seas una llama que arde bajo el fuego de Dios para que otros sean bendecidos.

«El Espíritu de Jehová el Señor está sobre mí, porque me ungió Jehová; me ha enviado a predicar buenas nuevas a los abatidos, a vendar a los quebrantados de corazón, a publicar libertad a los cautivos, y a los presos apertura de la cárcel» (Isaías 61:1).

Así como le dijo a Moisés que lo enviaba para que sacara de Egipto a su pueblo, a los hijos de Israel, hoy te habla a ti a través de estas palabras. El fuego de Dios vendrá a tu vida con un plan, un propósito, Dios te dirá: «Yo te envío».

Levantará tu autoestima

> «Entonces Moisés respondió a Dios: ¿Quién soy yo para que vaya a Faraón, y saque de Egipto a los hijos de Israel?» (Éxodo 3:11).

¿Qué le has respondido a Dios cuando dijo que te usaría, que tenía un plan y un propósito para tu vida? Él te ha dado una palabra: «Haré grandes cosas contigo». Pero tal vez le estás preguntando: «Pero... ¿quién soy yo para hacerlo?».

El fuego de Dios trabaja en nuestra autoestima. Da valor a tu vida y te enseña quién eres en Cristo Jesús. El valor que tú y yo tenemos es muy alto si podemos descubrir lo que la Palabra de Dios declara: «Lo mejor del cielo fue dado por ti y por mí. El precio más alto fue pagado por tu vida y por la mía en la cruz del Calvario a través de su preciosa sangre». Esto me demuestra que valgo mucho. No sé lo que te ha dicho tu historia o tu familia. No sé lo que te ha dicho la sociedad a través de los que te rodean, a través de las circunstancias, pero Dios dice de ti que eres su especial tesoro, tienes un alto valor para Él, porque lo mejor del cielo fue dado por ti. Eres linaje escogido, real sacerdocio, pueblo escogido por Dios. Eres especial y vales mucho, porque lo mejor que hay sobre todo el universo mora en tu vida, el Señor Jesucristo.

Eres especial porque eres único, no hay otra persona sobre la faz de la tierra que tenga el mismo ADN que tú, la misma genética, las mismas características en las huellas dactilares. Nadie tiene el iris de tu ojo igual que tú. Eres único.

Si tu fe está basada en el Espíritu de Dios podrás alcanzar lo inalcanzable. Quítate los zapatos que te tienen atado. La condición en la que has caminado todo este tiempo, en la que te has mirado, y cómo la gente te ha visto, te tiene atado. Comienza a creerle al Dios de los cielos.

«Y él respondió: Ve, porque yo estaré contigo; y esto te será por señal de que yo te he enviado: cuando hayas sacado de Egipto al pueblo, serviréis a Dios sobre este monte» (Éxodo 3:12)

Nuestras armas no son carnales sino espirituales, poderosas en Dios para la destrucción de fortalezas. Tenemos la fe, la protección de la sangre del Cordero, la cobertura de la redención, la Palabra de Dios como espada del Espíritu.

La señal de Dios fue la siguiente: «Te garantizo que irás y libertarás a mi pueblo y regresarás a este lugar a adorarme. Irás bajo mi bendición y cuando regreses estarás bien». Esa era la garantía.

Dios te dice a ti también lo mismo: «No temas porque yo estaré contigo». La promesa del que te envió estará sobre ti. No debes temer a nada ni a nadie, el poderoso de Israel estará sobre tu vida.

La duda se irá

> «Dijo Moisés a Dios: He aquí que llego yo a los hijos de Israel, y les digo: El Dios de vuestros padres me ha enviado a vosotros. Si ellos me preguntaren: ¿Cuál es su nombre?, ¿qué les responderé?» (Éxodo 3:13).

Moisés basó su llamado en el conocimiento. Dijo: «Pero... yo no sé nada ¿qué les responderé?». Las dudas arribaron a su corazón.

Algunas de las excusas que llevamos delante de Dios son las dudas: «No conozco, no sé, no estoy seguro». Sin embargo, el fuego de Dios nos revela quién es Dios y eso es todo lo que necesitamos saber. Estar bajo el fuego de Dios es tener una relación íntima con Él, es estar cerca de Él, es arder bajo su presencia, es conocerlo cada día más.

Los interrogantes son varios: «¿Me usará Dios? ¿Estará Dios conmigo?» La duda es uno de los peores enemigos de la fe, ya que la fe es la que ha vencido al mundo y la duda es aliada del temor. El miedo y la duda te paralizan. El fuego de Dios te activa, te lleva a alcanzar lo inalcanzable, te guía a conocer el nombre de Dios.

Te revelará su Nombre

> «Y respondió Dios a Moisés: YO SOY EL QUE SOY. Y dijo: Así dirás a los hijos de Israel: YO SOY me envió a vosotros» (Éxodo 3:14).

Dios es victoria en tu vida ayer, hoy y siempre. Él es tu sanador ayer, hoy y siempre. Dios es tu prosperidad, tu refugio, es el mismo ayer hoy y por los siglos de los siglos. Pero para comprender eso debes recibir la revelación de su Nombre. Para ello te mostraré algunos de los nombres de Dios:

- Jehová Elohim: "Creador" (Génesis 1:1).
- Jehová: "El Nombre de Dios, nuestro Padre; Pacto" (Génesis 2:7).
- El-Shaddai: "Mi provisión" (Génesis 17:1).
- Jehová Adonai: "Maestro" (Génesis 18:3).
- Jehová Jireh: "Mi provisión y visión" (Génesis 22:14).
- Jehová Rophe: "Sanidad" (Éxodo 15:26).
- Jehová Nissi: "Victoria" (Éxodo 17:15).
- Jehová Mikkadesh: "Mi santificación" (Levítico 20:7-8).
- Jehová Tsidkenou: "Mi honradez" (Jeremías 23:5-6).
- Jehová Shalom: "Mi paz" (Jueces 6:24).
- Jehová Rohi: "Mi pastor" (Salmo 23:1).
- Jehová Shamma: "Él está presente" (Ezequiel 48:35).

Él es Dios sobre toda circunstancia, sobre toda enfermedad, sobre toda frustración, sobre tus complejos, sobre tu historia. Él es Dios sobre tu presente y tu futuro. Él es Dios en tu vida.

No dudes que Él te envía a ser protagonista en medio de esta generación. Ser parte de un ejército que se levanta a conquistar ciudades, a derribar fortalezas, a libertar a los cautivos. Si Dios te envía, no te deja solo. Él te manda bajo su Nombre, no bajo la duda ni el temor. Él es el que Es. Irás bajo su unción, su fuego, el fuego de Dios.

Aparecerán las críticas

> «Entonces Moisés respondió diciendo: He aquí que ellos no me creerán, ni oirán mi voz; porque dirán: No te ha aparecido Jehová» (Éxodo 4:1).

¿Estás listo para las críticas? Dios pone tu rostro como de piedra de pedernal, de un material especial para soportar y resistir las críticas. Pero Dios estará contigo.

Moisés decía que los israelitas no le creerían. Muchos, al ver que tu ministerio crece comenzarán a hablar de ti. Y dirán entre ellos: «¿Y éste de dónde salió? No lo conocemos». Algunos podrán hablar, pero tienes que estar seguro de quién eres en Cristo Jesús. Cuando Dios te envía a hacer algo, algo grande será, Él te usará poderosamente.

Cuando David vio al gigante dijo: «¿Quién es este incircunciso? Yo tengo la unción de Dios sobre mi vida y lo voy a vencer». El premio para el valiente que derribara al gigante era la hija del rey, además el perdón de los impuestos de la casa de su padre y de la de él.

La recompensa de Dios para los valientes que

enfrentan gigantes, es la bendición. Dios te bendecirá, pero necesitas soportar la crítica. Cuando los hermanos de David le preguntaron qué hacía ahí, si iba a buscar los premios, comenzaron a criticarlo. Ellos no entendían la unción que estaba en David.

Muchos te criticarán por el ministerio que el Señor te ha dado, pero ellos no entienden que esa es la unción que Dios ha derramado sobre tu vida. Haz lo que tienes que hacer y mata ese gigante en el nombre de Jesús. Enfócate en el llamado de Dios a tu vida. Las críticas son parte de un proceso. Te enviarán misiles y bombas, hay envidias y celos. Pero, enfócate en Dios y permite que Él te use.

Si Dios te levantó, tal vez los demás te critiquen. El siervo no es mayor que su Señor, ni el discípulo mayor que su maestro. Si criticaron al Señor, contigo harán lo mismo, porque no somos más que Él. Sigue adelante. Sé persistente.

Te observarán y se acercarán a ti

Lo siguiente que harán en el proceso es observarte. Verán cómo Dios te levanta y observarán las maravillas que acontecen a través de tu ministerio. Verán que la gente se sana, se convierte, crece. Verán que los jóvenes alaban y adoran al Señor, y comenzarán a observarte.

Luego, se acercarán a ti. Ese es el momento de

perdonar a aquellos que se acerquen y te confiesen lo que hayan pensado de ti y de tu ministerio. Pero debes perdonarlos y amarlos. Ellos querrán lo que tú tienes, te pedirán que les enseñes, que los ayudes, y tienes que estar dispuesto y abierto para ayudar a todo aquel que demande una ayuda sana del ministerio que hay en ti.

No te encierres nunca en tu ministerio. Muchos han llegado muy alto y han caído por eso. Tienes que abrirte a los otros ministerios y a los hermanos. Todo el que quiera participar contigo de esta bendición, ámalos y búscalos.

Las herramientas que Dios te ha dado

> «Y Jehová dijo: ¿Qué es eso que tienes en tu mano? Y él respondió: Una vara» (Éxodo 4:2).

¿Qué tienes en tu mano? Tal vez para ti sea algo insignificante, pero hay un potencial extraordinario en tu vida, algo poderoso que tal vez lo has menospreciado, pero Dios lo usará grandemente.

La vara era la herramienta que Moisés utilizaba como pastor. Hay una herramienta en ti, algo que Dios te ha dado y todavía no lo has descubierto, pero en el fuego de Dios puedes descubrirla.

Dios le dice a Moisés: «Échala en tierra. Y él la

echó en tierra, y se hizo una culebra; y Moisés huía de ella» (v.3).

Te sorprenderás con lo que Dios hará contigo. Cosas que están escondidas, que crees que son insignificantes, son las que Dios usará. Solamente fue una honda lo que Dios usó para que David matara al gigante. Cuando estás delante del fuego de Dios, empezarás a descubrir todo y serás el primero en sorprenderte. Moisés salió corriendo al ver la vara transformada en culebra, se asustó.

Pero Dios le dijo a Moisés: «Extiende tu mano, y tómala por la cola. Y él extendió su mano, y la tomó, y se volvió vara en su mano» (v. 4). Desde ese momento la vara se llamó «la vara de Dios». Cuando Moisés levantó su vara, el Mar Rojo se abrió y el pueblo cruzó.

¡Usa las herramientas que Dios te ha dado! Utiliza la habilidad y los dones, y ese mar se abrirá. Marcha hacia delante, no mires hacia otro lado, hay una vara en tu mano y es la vara de Dios.

Con esa vara brotó agua de la peña en Horeb. Esa vara es la unción de Dios en tu vida. Cuando Dios le dijo a Moisés que le hablara a la peña, él la golpeó con la vara. Debes tener el cuidado de no utilizar lo que Dios te ha dado para manipular a otros, para someterlos a un yugo impuesto por ti.

No puedes usar lo que Dios te ha dado para hacer dinero para tu propio beneficio. No puedes usar lo que Dios te ha dado para que la gente te sirva a ti y no a Dios. No puedes usar la unción que Dios te ha dado para comercializarla. No puedes usar esa unción y la habilidad que Dios te ha brindado para darte gloria a ti mismo.

Dios te ha dado una unción para que la gente sea bendecida, prosperada y sanada para servir a otros. Quien quiere ser el mayor tiene que aprender a servir. No es malo ser el mayor, no es malo anhelar la unción de Dios. Jesús no los criticó por eso, Él solamente les dijo: «Si quieren ser el mayor tienen que servir, porque ejemplo les he dado, así como yo les he servido a ustedes, y les he lavado los pies, así ustedes tienen que hacer con los suyos».

«Le dijo además Jehová: Mete ahora tu mano en tu seno. Y él metió la mano en su seno; y cuando la sacó, he aquí que su mano estaba leprosa como la nieve» (Éxodo 4:6).

Dios hará señales a través de tu vida. Él hará lo que quiera con nuestras manos, tú tienes que estar dispuesto a decirle: «Señor úsame como desees hacerlo. Haz lo que quieras conmigo». No te compares con otros, hay características especiales en ti dadas por Dios, y Él quiere usarte tal y como eres.

Moisés vio cómo el agua de Egipto se convertía en sangre. Dios le estaba hablando y le dijo: «Hay una vara en tu mano, algo poderoso a través de tu vida. Yo saco lo que estaba oculto en ti y hago cosas grandes. Te doy la unción, y haré cosas grandes a través de tus manos. Si no te creen por esas señales vendrán otras».

EN BUSCA DE EXCUSAS

> «Entonces dijo Moisés a Jehová: ¡Ay, Señor! nunca he sido hombre de fácil palabra, ni antes, ni desde que tú hablas a tu siervo; porque soy tardo en el habla y torpe de lengua» (Éxodo 4:10).

Cuando Moisés dijo, «¡Ay!», significaba que mientras hablaba estaba llorando, lamentándose delante de Dios. Si en tu oración diaria dices, «¡Ay!», es que estás presentando queja y llanto delante de Dios. Deja de llorar y lamentarte, Dios hará algo grande contigo. Deja de mirar tu propia humanidad.

Cada día doy gracias a Dios por mi mujer. Ella es visionaria, siempre mira hacia el futuro, pero cuando me conoció yo estaba lleno de miedos, de temores. Muchas jovencitas en la iglesia quieren el producto terminado, le piden al Señor un gran adorador, predicador, un profeta, pero muchas veces hay que mirar lo que Dios hará con ese hombre que aparenta ser tímido.

Moisés presentaba sus excusas ante Dios. No sé

cómo te sientes hoy, pero la Palabra de Dios debe ser el espejo de tu vida. En medio de la torpeza tienes que verte como Dios te ve. Deja que Él ponga fuego en tus labios para creer lo que dice de ti.

Aquiles Azar nació en Santo Domingo, República Dominicana, el 24 de septiembre de 1965. A la edad de 19 años recibió a Jesucristo como su Señor y Salvador. Su llamado de evangelista era evidente desde que era apenas un nuevo creyente. En su juventud visitaba las plazas y lugares públicos frecuentados por los jóvenes para predicarles el evangelio y guiarlos al arrepentimiento. Su amor hacia Dios lo hizo ser un creyente trabajador y comprometido en el servicio en la obra.

En 1989 fue investido como Pastor Asociado en la iglesia cristiana a la que pertenecía donde por cinco años sirvió activamente como maestro de la palabra, evangelista, líder de jóvenes, y luego como pastor asistente. En ese mismo año, asistió al colegio bíblico Cristo para las Naciones en Dallas, Texas, donde estudió teología práctica. En 1991 terminó sus estudios bíblicos en un instituto bíblico en la Republica Dominicana.

En el 1994 entra a una nueva etapa de su vida y ministerio al ser llamado como pastor, dando inicio a la Congregación de Fe Cristiana, iglesia que pastorea conjuntamente con su esposa Zuleyka, una mujer llena de fe y de la gracia de Dios.

En 1997, al asistir a una de las cruzadas del pastor Benny Hinn en Bayamón, Puerto Rico, tuvo una visión donde el Señor Jesucristo le cubría con un manto diciéndole: "Yo soy el que te unjo". Minutos después fue llamado por Benny Hinn de entre la multitud profetizándole sobre el mover de Dios sobre su ministerio y recibiendo una fresca unción. Desde ese entonces el ministerio que preside ha estado impactando con cruzadas de fe, milagros y sanidad por toda su nación y América Latina llevando en cada una de estas el mover del Espíritu Santo.

El Señor ha puesto en su corazón llevar el evangelio con excelencia y no ha escatimado esfuerzo alguno para darle lo mejor a Dios.

Actualmente tiene la cobertura ministerial de Faith Christian Fellowship International, siendo a su vez el director nacional de FCF para la República Dominicana.

El pastor Aquiles Azar es un ministro de fe, con una unción profética que se manifiesta con una palabra viva de parte de Dios para estos tiempos. Gracias a esto lidera uno de los ministerios más prósperos de la República Dominicana.

Si deseas conocer más sobre el ministerio de Aquiles visita: www.aquilesazar.org.

Fuego

Letra y Música: Fernando Solares

Verso 1

Echen agua en el altar
Pongan agua una vez más
Verán que nada detendrá, jamás
Verán que nada impedirá, el…

Coro

Fuego que viene del cielo
Fuego que Dios manda hoy
Fuego que enciende naciones
Fuego, en nuestros corazones

Verso 2

Todo ojo lo verá
Su palabra cumplirá
Verán que nada detendrá, jamás
Verán que nada impedirá, el…

Coda

Manda el fuego, manda el fuego
manda el fuego, ¡Ya!

Contempla

El fuego que no se consume

A lo largo de mis viajes por América Latina he comprobado que el latino piensa que no vale nada, que no podrá alcanzar nada, pero Dios los levanta y hace cosas grandes con aquellos que se lo permiten.

Cuando le dije a mi papá que dejaría la profesión que había estudiado y me dedicaría a servir a Dios, casi se muere. La carrera, la profesión, el apellido, el nombre, mis amigos, nada de eso me importaba más que ser usado por Dios.

Deja de ponerle excusas al fabricante. Él es tu

Hacedor. Él tiene todo lo que necesitas. Él tiene todo el carácter y la formación que necesitas. Atrévete a estar delante del fuego de Dios, y decirle: «Sí Señor, yo iré para tu gloria y para tu honra».

No permitas que Dios se enoje contigo al presentarle excusa tras excusa. Tú no eres el primero al que Dios ha llamado para la obra que te ha determinado hacer, Él ha señalado a muchos otros pero no atendieron el llamado. Este es tu tiempo, tu oportunidad. Otros no honraron a Dios, no le fueron fiel.

Si verdaderamente Dios te ha llamado, entonces nunca habrás podido olvidarlo porque hay un fuego en ti que no se consume y aún arde en tus huesos. Esa Palabra que Dios te dio hace años pero que aún arde en tu interior, es un fuego que no se apaga. Solamente debes creerle. Préstale atención, no pongas excusas. Esto tendrá un precio, te costará mucho, te costará todo, pero la llama de Dios arderá por siempre en ti.

Oración

«Señor, envía tu fuego y tu viento sobre la vida de nuestro lector. Transfórmalo, levanta su autoestima, quita las dudas y el temor. Derramamos nuestro corazón ante tu presencia, que esta Palabra sea

sellada en nosotros. Que el fuego arda a cada instante y que produzca acción en nuestra vida. Un fuego que nos lleve a cambiar nuestra nación, nuestro alrededor, fuego que queme en nuestra vida y que contagie a otros. Sella con tu fuego estas palabras en nuestro Espíritu, y las llevaremos en nuestro corazón porque se cumplirán».

—Aquiles Azar

Capítulo 3

La impartición sobrenatural del Espíritu

por Marco Barrientos

La obra de transformación interior que el Espíritu de Dios hace en nosotros no se realiza con características personales fruto de las fuerzas humanas, como por ejemplo la dedicación, la disciplina, el compromiso, el enfoque o la diligencia. Aunque es cierto que hay muchas cosas que sólo se logran con estas actitudes, entre ellas, un mayor orden en la vida, hay también muchas cosas que necesitamos en la vida diaria y que sólo pueden llegar a nosotros mediante una impartición sobrenatural.

Capacitación sobrenatural

> «Y dijo Moisés a los hijos de Israel: Mirad, Jehová ha nombrado a Bezaleel hijo de Uri, hijo de Hur, de la tribu de Judá; y lo ha llenado del Espíritu de Dios, en sabiduría, en inteligencia, en ciencia y en todo arte» (Éxodo 35:30-31).

El Espíritu Santo es la fuente de la capacidad y la derrama sobrenaturalmente sobre quienes lo buscan y anhelan su inteligencia, sabiduría, ciencia y arte. Todos sabemos que existen diferentes niveles de coeficiente intelectual. Algunas personas poseen un intelecto más elevado que otros, sin que esto esté relacionado con el nivel espiritual o de entrega de la persona, pues solamente revela su capacidad intelectual o de razonamiento. Sin embargo, es posible que el nivel de inteligencia sea afectado por nuestro trasfondo familiar y cultural. Si mis antepasados fueron personas que aborrecieron a Dios y que caminaron en la oscuridad, eso afecta la carga genética que llevo en mi ADN. Si mis antepasados fueron hechiceros, brujos, adivinos, idólatras o simplemente dedicaron su vida al vicio o perversión, todas estas cosas, de acuerdo a Romanos 1:28, traen como consecuencia una reducción de la capacidad mental: *«Y como ellos no aprobaron tener en cuenta a Dios, Dios los entregó a una mente reprobada, para hacer cosas que no convienen»*.

La buena noticia es que en Cristo, la maldición de la ley fue quebrada completamente. Si te acercas a Jesús y comienzas a vivir de cara a la luz, serás iluminado sin importar si tus antepasados han sido personas corrompidas, con una mente entenebrecida, como consecuencia de permanecer en oscuridad espiritual.

Es necesario obtener la revelación de lo que

significa la palabra «Redención»: «Liberación efectuada por medio del pago de un rescate». Fuimos redimidos con la sangre del Cordero de Dios y la raíz de herencia de maldición que había sobre nosotros fue cortada. Ahora, la sangre de Jesús habla mejor que la sangre de Abel (Hebreos 12:24). Existe un mayor poder, una mayor influencia mediante la simiente de Dios. La genética de Dios ha germinado dentro de nosotros.

> «siendo renacidos, no de simiente corruptible, sino de incorruptible, por la palabra de Dios que vive y permanece para siempre» (1 Pedro 1:23).

Ya no tengo que vivir más bajo el peso de esa maldición que me guiaba a caminar en el surco de maldición, de corrupción, de oscuridad. He sido libre por la sangre del Cordero crucificado. Ahora mi herencia es diferente, la Biblia lo llama la herencia de los santos en luz.

> «con gozo dando gracias al Padre que nos hizo aptos para participar de la herencia de los santos en luz; el cual nos ha librado de la potestad de las tinieblas, y trasladado al reino de su amado Hijo, en quien tenemos redención por su sangre, el perdón de pecados» (Colosenses 1:12-14).

Cuando la herencia de corrupción se corte sobrenaturalmente por la sangre de Jesús, levantarás tus manos y pedirás al Espíritu Santo que te llene con su inteligencia: «Padre, Tú dijiste que al que te lo pidiere, se lo darías. En el nombre de Jesús te pido que derrames sobre mí de tu Espíritu: Espíritu de sabiduría, de inteligencia, de ciencia, de arte sobre mi vida».

Conocimiento sobrenatural

> «Y reposará sobre él el Espíritu de Jehová; espíritu de sabiduría y de inteligencia, espíritu de consejo y de poder, espíritu de conocimiento y de temor de Jehová» (Isaías 11:2).

La llenura del Espíritu Santo es más que un toque. Es la certeza de la Presencia de Dios con nosotros. Anhelamos recibir el Espíritu Santo pues nos damos cuenta que hay una misión que cumplir. Dios anhela tocar nuestra vida para llenarnos del conocimiento de sus propósitos, pero para cumplir ese propósito necesitamos sabiduría, conocimiento e inteligencia, ése será nuestro arsenal.

El Espíritu Santo ha sido enviado para alumbrar los ojos de nuestro entendimiento, pues es Espíritu de sabiduría y revelación.

> «para que el Dios de nuestro Señor Jesucristo, el Padre de gloria, os dé espíritu de sabiduría y de revelación en el conocimiento de él, alumbrando los ojos de vuestro entendimiento, para que sepáis cuál es la esperanza a que él os ha llamado, y cuáles las riquezas de la gloria de su herencia en los santos, y cuál la supereminente grandeza de su poder para con nosotros los que creemos, según la operación del poder de su fuerza» (Efesios 1:17-19).

Pero surge la pregunta: «¿Cómo crezco en conocimiento y sabiduría para enfrentar los desafíos de la vida diaria?». La respuesta es: «Ejercítate para la piedad». Pablo le dijo a Timoteo: «Ejercítate para la piedad; porque el ejercicio corporal para poco es provechoso, pero la piedad para todo aprovecha, pues tiene promesa de esta vida presente, y de la venidera» (1 Timoteo 4:7). En este texto la palabra «piedad» hace referencia a la reverencia y respeto que facilita el aprendizaje y recepción de la sabiduría. Por eso dice la Escritura: «El temor de Jehová es el principio de la sabiduría, y el conocimiento del Santísimo es la inteligencia» (Proverbios 9:10)

Mientras jugaba un video juego con mi hijo Marco, él me daba instrucciones acerca de cómo podía recargar mi arsenal con uno de los botones del controlador. En medio de lo acelerado del juego, yo no recordaba qué botón oprimir. Él volvió a mirarme y repitió las instrucciones. Comprendí entonces que no sólo me faltaba coordinación en el dedo pulgar, sino también un conocimiento intuitivo de qué botón presionar en el momento correcto. Necesitaba humildad y paciencia para ser enseñado y corregido por mi propio hijo.

En nuestro caminar diario, la práctica paciente y humilde de los principios bíblicos que el Espíritu Santo nos enseña es la única forma de adquirir sabiduría. Él nos llena de sabiduría, conocimiento, inteligencia, consejo, poder y temor del Señor. Entonces... ¿qué cosas serán difíciles para ti?

Afirmación sobrenatural

> «Me dijo: Hijo de hombre, ponte sobre tus pies, y hablaré contigo. Y luego que me habló, entró el Espíritu en mí y me afirmó sobre mis pies, y oí al que me hablaba» (Ezequiel 2:1-2).

Cuando el Espíritu Santo llega a nosotros, nuestros pies se afirman. Esto nos habla del fundamento que nos permite soportar el peso de los planes y propósitos que anhelamos alcanzar. Cada uno tiene la necesidad de ser afirmado en su interior para cumplir su misión. Por esa razón, el testimonio del Espíritu Santo comienza asegurándonos que nuestra posición delante del Padre es firme, pues hemos sido adoptados por medio de Jesucristo.

«Pues no habéis recibido el espíritu de esclavitud para estar otra vez en temor, sino que habéis recibido el espíritu de adopción, por el cual clamamos: ¡Abba, Padre! El Espíritu mismo da testimonio a nuestro espíritu, de que somos hijos de Dios» (Romanos 8:15-16).

La afirmación es la aceptación de lo que Dios desea para nuestra vida, es decir, la certeza de sus propósitos para nosotros. La afirmación sobrenatural nos hace reconocer cuando algo se alinea con esos propósitos. La afirmación te hace declarar: «Sí, esto es de Dios».

En nuestro interior se borran todas las dudas, todos los obstáculos se derrumban y comienzas a trabajar con determinación, con mucho impulso, y triunfas porque fuiste afirmado.

¿Qué planes hay en tu corazón para este año? ¿Qué sueños hay dentro de ti? ¿Qué cosas estás anhelando y esperando que sucedan en tu vida? La afirmación del Espíritu Santo vendrá y manifestará los pensamientos buenos de Dios para ti. No hay otra cosa que te dé más esperanza y un mayor sentido de futuro que escuchar la voz de Dios que te dice: «Porque yo sé los pensamientos que tengo acerca de vosotros, dice Jehová, pensamientos de paz, y no de mal, para daros el fin que esperáis» (Jeremías 29:11).

Hoy el Espíritu Santo te afirma y te dice: «Levántate, corre con la visión, tú puedes, lo lograrás. Dios puso ese sentir en tu corazón. Si simplemente te esfuerzas y eres valiente, lo lograrás. No habrá quién te detenga».

Regocíjate, pues todas sus promesas son sí y amén. Escucha la voz del Espíritu Santo, serás afirmado en tu interior y tendrás las fuerzas del búfalo.

Transformación sobrenatural

> «Entonces el Espíritu de Jehová vendrá sobre ti con poder, y profetizarás con ellos, y serás mudado en otro hombre. Y cuando te hayan sucedido estas señales, haz lo que te viniere a la mano, porque Dios está contigo» (1 Samuel 10:6-7).

El profeta Samuel declaró que la transformación sobrenatural vendría por medio del Espíritu Santo. Le dijo a Saúl que el poder del Espíritu lo mudaría en otra persona. La palabra «mudar» significa «cambiar, virar, voltear». Eso es precisamente lo que hace el Espíritu Santo cuando nos llena. Esa es la naturaleza del Nuevo Pacto que opera mediante la vida del Espíritu en nosotros.

> «Nos hizo ministros competentes de un nuevo pacto, no de la letra, sino del espíritu; porque la letra mata, mas el espíritu vivifica» (2 Corintios 3:6).

Existen muchos cursos de entrenamiento para tratar deficiencias de personalidad, de carácter. Aun hay clases de «Manejo de la ira» para saber controlar los arranques de enojo y la violencia que se produce como consecuencia. Pero lo único que puede transformarnos es la obra interior del Espíritu Santo que nos libera de la culpa y la vergüenza, que finalmente producen frustración y enojo. Los gobiernos tratan de cambiar a los jóvenes delincuentes enviándolos a un reformatorio, y algunos, hasta llegan a utilizar terapias de shock eléctrico para tratar de alterar su conducta.

Pero el remedio para la violencia, la ira, la frustración, la depresión y cualquier otra aflicción del alma, es la llenura del Espíritu Santo. Por esa razón no me canso de pedirle al Espíritu Santo que opere en mi vida, que me intervenga en la mesa de operaciones espirituales para que transforme mi interior y sea libre de las raíces de amargura que pueden generar esa ira.

Debemos creer que el Creador de todo el universo, el Dios que hizo los cielos y la tierra, el que sostiene todas las cosas con el poder de su Palabra, puede transformar nuestro temperamento, ajustarlo y afinarlo, si lo invitamos a que lo haga por medio del Espíritu Santo, para poder servir en su obra.

Por ejemplo, si tienes un temperamento fuerte, tal vez Dios te lo dio porque quería que fueras un guerrero en su Reino. Cuando esa fuerza es usada negativamente, y comienzas a cortar a todo el mundo con tu lengua, es tiempo de transformación. Si Él te dio un carácter fuerte fue porque quería que te atrevieras a levantar un estandarte en medio de un mundo hostil, no para que golpearas a tu cónyuge con tus palabras o maltrataras a tus hijos.

Si no le permitimos la entrada al Espíritu Santo para que efectúe en nosotros su obra de transformación interior, es posible que desarrollemos una conciencia cauterizada, un corazón duro que aunque escuche todas las predicaciones del mundo nada cambia en él. Es posible oír la Palabra y no ser movido por su mensaje, a causa de esa cauterización. Por eso, necesitamos desesperadamente la obra interior del Espíritu, que nos mueve, nos despierta, nos transforma en la persona que debemos ser. El Espíritu Santo es quien activa en nosotros el cambio y nos transforma. Todo aquel que espera en su presencia es transformado.

Fructificación sobrenatural

> «Hasta que sobre nosotros sea derramado el Espíritu de lo alto, y el desierto se convierta en campo fértil, y el campo fértil sea estimado por bosque» (Isaías 32:15).

Todo lo que Dios hace comienza con una semilla. Ahí está todo el potencial de la vida de forma latente. Pero a menos que este potencial sea desatado, se quedará encerrado y nunca beneficiará a nadie. La única forma en que este potencial es liberado es mediante la germinación, y no puede haber germinación a menos que haya agua que la nutra. Por eso, es tan importante ser llenos del Espíritu Santo y dejar que la lluvia del cielo llene nuestro interior, pues de ahí brota la inspiración e intensidad que devuelve la fertilidad a nuestro espíritu y hace que germinen las semillas de las promesas que Dios nos ha dado.

Si no hay agua, la semilla se quedará sin fruto. Hace un tiempo leí en una revista acerca del descubrimiento de la tumba de un Faraón egipcio que tenía más de 4000 años de antigüedad. Los arqueólogos encontraron en su interior muchos tesoros y también semillas que fueron dejadas ahí para proveer de alimento al Faraón en su viaje al «mas allá». Por supuesto, el muerto no tocó el alimento, y este se conservó durante todo ese tiempo sin echarse a perder, a causa de la baja humedad del lugar. Sin agua no hay germinación, y por consiguiente, no hay fruto.

Lo que me asombró de la historia fue descubrir que, al llevar una porción de esas semillas a un laboratorio para ver si germinaban después de tantos años, al poner agua sobre ellas, pronto comenzaron a dar señales de vida. Algunos días después las raíces habían brotado, y en cuestión de semanas, el fruto se manifestó.

Dios ordenó el principio de la fructificación y multiplicación por medio de la germinación de las semillas que ha puesto en cada árbol.

Por eso, la Escritura dice en Génesis 1:11: «Después dijo Dios: Produzca la tierra hierba verde, hierba que dé semilla; árbol de fruto que dé fruto según su género, que su semilla esté en él, sobre la tierra».

En la semilla está el potencial de fructificación, pero a menos que sea derramada el agua de las lluvias del cielo, nuestro interior quedará seco, árido y estéril.

Este potencial es grandísimo, es mayor que nuestro alcance actual. Deja que el Espíritu Santo te llene hoy, y tu interior se convertirá en un campo fértil que dará mucho fruto. «Puedes contar las semillas en una manzana, pero no puedes contar las manzanas en una semilla.»

Rectitud sobrenatural

> «Y pondré dentro de vosotros mi Espíritu, y haré que andéis en mis estatutos, y guardéis mis preceptos, y los pongáis por obra» (Ezequiel 36:27)

Es muy importante que tomemos decisiones de consagración, pureza y rectitud. Debemos ejercer nuestra voluntad para activar nuestra fe y someter todo nuestro ser bajo la autoridad de Jesucristo. Pero también es muy importante comprender que por mucho que nos esforcemos, nunca podremos cambiarnos a nosotros mismos. Es por eso que esta promesa es tan alentadora: «Yo haré que tú camines en mis estatutos». Él cambiará nuestro interior de tal forma que nuestro ADN espiritual, nuestra naturaleza interior será reprogramada por el Espíritu Santo y comenzaremos a andar en sus caminos naturalmente, porque estos estarán esculpidos en nuestro espíritu, en la naturaleza de nuestros genes. Este es el corazón del Nuevo Pacto, de la obra preciosa de Jesús en tu vida. Te inclinarás naturalmente por las cosas del Espíritu, porque desde ese momento una nueva naturaleza formará parte de ti: la naturaleza de Dios.

Tu corazón se inclinará hacia lo que es bueno, y

podrás vivir a la luz de la Palabra que dice: «No seas vencido de lo malo, sino vence con el bien el mal» (Romanos 12:21).

Marco Barrientos es un reconocido ministro de alabanza profética y cántico nuevo. Es conferencista internacional, director de alabanza y adoración y presidente de Amistad Cristiana Internacional y Aliento Producciones. En septiembre de 2004 fundó la iglesia Centro Internacional Aliento en Dallas, Texas, donde reside con su esposa, Carla, y sus dos hijos, Daniela y Marco.

Holy Spirit Move/ Santo Espíritu muévete

Letra y Música: Klaus Khuen

VERSE

Holy Spirit move
Holy Spirit move
Cause we don't ever want to be the same
So breathe upon us now
and we'll be changed
Take us now into the Father's heart
Holy Spirit move

VERSO

Santo Espíritu
Muévete en mí
Pues ya no quiero yo volver atrás
Con tu aliento en mí
Transfórmame
Llévame al Padre
Santo Espíritu.

Contempla

Capacitado por el Espíritu

Si tienes proyectos importantes, empresas que traerán un cambio a tu familia, tu vida y tu futuro, el Señor te dice: «Te llenaré con Espíritu de sabiduría, de inteligencia, de ciencia, de arte. Yo te daré esa capacidad».

Oración

«Padre celestial, tú sabes que fui llamado según tus propósitos. Fui ungido y seleccionado por ti. Tienes mi nombre escrito en el libro de la vida. Corta toda raíz de maldición que proviene de mi pasado y que hasta hoy me ha detenido. Sé que tus planes para mi vida son "sí y amén".

Espíritu Santo, Consolador, quiero conocerte más, quiero que tu presencia sea real en mi vida. Que ríos de agua viva corran en mi interior. Tu Palabra dice: "Pide y se te dará". Señor, lléname con tu sabiduría, con tu arte, con tu ciencia, con tu poder. ¡Espíritu de Dios, múdame en otro hombre!».

—MARCO BARRIENTOS

Capítulo 4

La traducción del evangelio

por Mike Fehlauer

«Cuando llegó el día de Pentecostés, estaban todos unánimes juntos. Y de repente vino del cielo un estruendo como de un viento recio que soplaba, el cual llenó toda la casa donde estaban sentados; y se les aparecieron lenguas repartidas, como de fuego, asentándose sobre cada uno de ellos»

—Hechos 2:1-3

Cuántas veces hemos leído esta parte del libro de los Hechos. Siempre me asombró el relato y despertó mi imaginación al pensar en que en verdad eso ocurrió en aquel lugar. El viento y el fuego de Dios fueron literalmente reales en esa reunión, ocuparon el espacio de la escena. Este es uno de los pocos pasajes donde ambos se presentan en el mismo escenario. El texto describe el sonido físico de un estruendo poderoso de un viento recio, sumado a esto aparecen lenguas de fuego asentándose sobre aquellos que estaban reunidos en el Aposento alto.

El Espíritu Santo se manifestó a sí mismo en una forma en la que no había sucedido antes, e inmediatamente algo sucedió en aquellos que lo recibieron: Comenzaron a predicar el evangelio.

> «Y hecho este estruendo, se juntó la multitud; y estaban confusos, porque cada uno les oía hablar en su propia lengua. Y estaban atónitos y maravillados, diciendo: Mirad, ¿no son galileos todos estos que hablan? ¿Cómo, pues, les oímos nosotros hablar cada uno en nuestra lengua en la que hemos nacido?» (Hechos 2:6-8).

En ese lugar había personas de diferentes lugares y con distintos lenguajes. Ellos milagrosamente empezaron a escuchar la Palabra de Dios en su idioma original. Muchas son las enseñanzas acerca del don de lenguas. Sabemos que podemos alabar a Dios en un lenguaje celestial que nadie puede entender racionalmente. También la Biblia habla del tipo de lenguas que se usa para hablar a la congregación y que debe ser interpretado para que comprendan el mensaje. Pero en este caso fue diferente. Los galileos predicaban el evangelio de Dios y, según menciona la Biblia, naciones de diferentes lenguas ahí representadas estaban sorprendidas y confundidas porque escuchaban el mensaje en su propia lengua.

Evangelio transcultural

Después de haber sido testigos del fuego y el viento de Dios, el evangelio fue milagrosa e instantáneamente traducido en diferentes lenguajes. La razón por la cual ocurrió eso fue porque el Evangelio debe ser transcultural. Dios no pertenece a una nación o a un continente. Él no es un Dios americano, europeo o hispano. Cuando el Evangelio fue traducido a todas las culturas, no quedó confinado a una sola nación.

Las Escrituras nos muestran un patrón para impactar a nuestra generación para Cristo. Este se encuentra en algunas de las cartas que el apóstol Pablo le escribe a un joven pastor llamado Timoteo que estaba a cargo de una iglesia en la ciudad de Éfeso. Los estudiosos dicen que unas 40,000 personas concurrían a esa iglesia.

Pablo había recibido una revelación de parte de Dios acerca de la Iglesia mundial, y cómo debía de ser gobernada la iglesia local. A través de 1 y 2 de Timoteo, Dios nos da instrucciones de los factores que deben estar presentes en nuestra adoración corporal y cómo debemos gobernarnos a nosotros mismos. Por ejemplo: Cómo debemos cuidar a las viudas y los huérfanos. Nos explica acerca de las cualidades de liderazgo: los ancianos, apóstoles, profetas. Describe los elementos que deben estar presentes cuando adoramos. También nos enseña acerca de la doctrina.

Además Pablo explica que cuando la Iglesia está reunida debe orar, hacer las cosas decentemente y en orden. Es aún más específicamente cuando dice que debemos orar por aquellos que están en autoridad sobre nosotros: por nuestros pastores, por nuestros padres, por nuestros líderes políticos. También nos enseña que debemos leer y aprender la Palabra de Dios, y conforme la leamos comprenderemos cómo debemos adorar juntos, pero no indica cuán extensos deben ser los servicios ni qué tan largo debemos predicar, tampoco qué estilo de música debemos tocar. La razón de ello es porque el evangelio fue diseñado para trascender las culturas.

En Estados Unidos se canta de diferente forma que en Sudamérica, aún al entonar el mismo canto se escucha diferente. La forma en que se adora en Sudamérica o en los países latinoamericanos es diferente a la que se adora en África. He oído cantar la misma canción en África que en Estados Unidos, sin embargo me tomó mucho tiempo reconocerla. El ritmo era diferente, danzaban diferente, porque es una cultura diferente.

Estadísticamente la cultura de los Estados Unidos cambia cada 10 a 15 años. Sin darnos cuenta, a medida que crecemos quedamos atrapados en nuestra propia tradición.

El 42% de mi congregación es hispana. La mayoría de ellos entiende el inglés, pero cuando están enfermos en el hospital, listos para partir con el Señor, cuando los visito, aunque comprenden el inglés, ellos prefieren que ore en español porque ese es su lenguaje nativo. Así lo hago aunque mi español no es fluido.

Traducir el evangelio

Cuando el viento y el fuego de Dios descendieron, lo primero que sucedió fue que el evangelio fue traducido. No me refiero a un lenguaje físico solamente, inglés, español, alemán, sino que el Espíritu Santo debe darnos de su poder para traducir el evangelio a nuestra generación.

Los cristianos de este tiempo han sido llamados a ser traductores del evangelio. Las revoluciones espirituales más grandes que hemos visto en el Reino de Dios, ocurrieron cuando el evangelio era traducido al lenguaje de las personas, cuando la Biblia fue puesta en las manos de cada hombre, mujer o niño, o cuando ha sido quitada de las manos de aquellos que pensaban que era para ellos solamente.

Martín Lutero proclamó que cada ser humano tenía el derecho a poseer y leer la Biblia en su propia lengua. Él fue perseguido y excomulgado, pero trajo una revolución al Cuerpo de Cristo.

El Antiguo Testamento fue escrito en hebreo y el Nuevo en griego. El latín reemplazó al griego como el lenguaje común, y consecuentemente, como casi nadie hablaba griego, todos se expresaban en latín.

Durante ese tiempo hubo una traducción masiva de la Biblia al latín, y había muchas de estas traducciones latinas que eran buenas. Pero hubo un hombre llamado John que fue el traductor oficial de la Biblia que era aceptada por todo el mundo. Esta es la traducción que muchas iglesias católicas usan para las misas.

Alrededor del siglo IV el latín ya no fue un lenguaje común, los únicos que hablaban ese idioma eran las personas bien educadas, los sacerdotes. Entonces, quienes asistían los domingos a misa escuchaban la liturgia en latín. No entendían nada, no había entendimiento. Finalmente dos hombres en el siglo XIV decidieron que la gente necesitaba la Biblia en su propio lenguaje, y nuevamente se inició una revolución. A través de este cambio millones de personas llegaron al Reino después de que la Iglesia había logrado la incorporación de muy pocos convertidos en muchos años.

De repente, la Biblia fue traducida nuevamente y esto causó gran conmoción. Esas millones de personas se convirtieron porque dos personas decidieron traducir el evangelio al lenguaje común.

El resultado fue que a uno de ellos lo estrangularon hasta que murió y luego lo quemaron. El otro fue excomulgado, y cuando murió, el Papa estaba tan furioso que ordenó quemar su cuerpo hasta desaparecer.

Los líderes religiosos estaban enojados porque creían que si tomaban el lenguaje sagrado de las escrituras y lo traducían a un lenguaje común, hacían el lenguaje del evangelio común. Pero no podían hacer una diferencia entre el método de predicar el evangelio y el mensaje en sí. La mayoría de las iglesias en Estados Unidos ha caído en el mismo error.

Un mensaje relevante

La generación anterior a la mía se ha resistido duramente a los cambios culturales de nuestra nación, y como resultado perdieron la relevancia en esta generación. No querían cambiar la forma de comunicarse verbalmente, no querían cambiar la música ni sus edificios. Amaban sus métodos porque les era familiar, pero como resultado de ello ocho millones de jóvenes de entre 20 a 30 años que concurrían a la iglesia cuando estaban en la secundaria, al graduarse se alejaron del Señor. Hoy en día ven el evangelio absolutamente irrelevante.

Hemos fallado como Iglesia por no ser traductores del evangelio, por no encontrar cuál es el mensaje que da sentido a nuestra generación. Al predicar en ese lenguaje, servimos el evangelio que queremos que coman. Pero si no lo hacemos nos enojamos cuando al servirles el mensaje no están interesados en la comida que les ofrecemos, entonces decimos: «Es que no están hambrientos de Dios». Pero la verdad es que nosotros estamos sirviendo el plato equivocado.

En casa tenemos un gato que fue mordido por una víbora cascabel. Hasta que llegamos a la clínica veterinaria, el gato casi se muere. Smokey no quería tomar la medicina que necesitaba para salvar su vida. Como no podíamos obligarlo a tomarla tuve una brillante idea, mezclamos la medicina en su comida y así se salvó de la muerte.

Si quieres que el evangelio ingrese a esta generación debes ser traductor del mensaje. Relevancia es tomar lo cultural y predicar lo que es eterno. La cultura que nos rodea es el reflejo determinante de cómo estamos predicando el evangelio. Millones de jóvenes han perdido el deseo de ir a la iglesia porque la cultura de la iglesia es tan diferente a la realidad que ellos viven, entonces perdieron interés.

Transferencia generacional

> «Derramaré de mi Espíritu sobre toda carne, y vuestros hijos y vuestras hijas profetizarán; vuestros jóvenes verán visiones, y vuestros ancianos soñarán sueños» (Hechos 2:17b).

Después de lo que había ocurrido en el aposento alto, Pedro se puso de pie y predicó: «Vuestros hijos y vuestras hijas profetizarán; vuestros jóvenes verán visiones, y vuestros ancianos soñarán sueños».

Conforme estamos en el viento y el fuego de Dios, somos llamados a ser traductores del evangelio y a transmitir el mensaje a la siguiente generación para estrechar esa diferencia generacional.

Miles de iglesias se están cerrando en los Estados Unidos porque se han vuelto antiguas. No tengo nada en contra de los ancianos, de hecho una de mis metas es ser uno. El conocido jugador de básquet, Michael Jordan, nunca más volverá a dominar un juego como antes, aunque era el mejor, porque ya está muy viejo. Ahora él puede contribuir mucho más entrenando a los que vienen detrás de él. Estrechar la diferencia generacional no elimina a los ancianos, su función cambia de hacedores a entrenadores.

Dios desea que cada generación sea más fuerte que la anterior y así sucesivamente. Deben ser como una ola que crece y crece, para que toda la tierra sea inundada con la gloria de Dios.

El compromiso de Dios

El capítulo 13 del libro de los Hechos nos habla de la iglesia de Antioquía, y quisiera compararla con la iglesia de Jerusalén, una de las primeras iglesias dadas a luz por Dios y a la cual Pedro pastoreó.

La iglesia de Jerusalén fue formada antes que la de Antioquía, pero conforme leemos las Escrituras descubrimos que empezó llena del fuego y el viento de Dios, pero en algún momento lo perdió y se transformó en tradicional. Antiguamente la iglesia de Jerusalén era nacionalista, la mayoría de sus miembros eran judíos que leían las Escrituras y ancianos muy tradicionales y legalistas.

Las Escrituras nos relatan en Hechos 15 que el apóstol Pablo fue con Tito a Jerusalén. En ese lugar había un concilio y no dejaban entrar a Tito porque era incircunciso. Los religiosos le dijeron a Pablo que circuncidara a Tito o no podría ser parte del grupo.

Es sorprendente pensar que estos ancianos que

estaban en una conferencia, hayan tomado tiempo para discutir acerca de la circuncisión de Tito, pero estaban atrapados por la ley.

A 300 millas al norte de Jerusalén, Dios levantó una iglesia a la que conocemos como la Iglesia de Antioquía. Imaginamos que comenzó a esa distancia para que la tradición de la iglesia de Jerusalén no infectara a la iglesia de Antioquía.

De acuerdo la descripción bíblica de la iglesia de Antioquía comprendemos que es totalmente diferente a la iglesia de Jerusalén. Debemos entender algo importante: «Dios nunca está comprometido ni siente obligación con ninguna iglesia, a menos que sigan en el poder del Espíritu Santo y se mantengan en el viento y el fuego de Dios».

A lo largo de la historia hemos visto que Dios brincó los muros de la iglesia y dio a la luz algo nuevo en Antioquía:

> «Había entonces en la iglesia que estaba en Antioquía, profetas y maestros: Bernabé, Simón el que se llamaba Niger, Lucio de Cirene, Manaén el que se había criado junto con Herodes el tetrarca, y Saulo» (Hechos 13:1).

El texto dice que había profetas y maestros. Estaba Bernabé que era judío, Simón que se llamaba Níger, que en latín se utilizaba para «negro». La siguiente persona nombrada en el texto es Lucio de Cirene, «Lucio» es el nombre que definía a un esclavo negro que había sido liberado, pero en el sistema de clases sociales continuaba siendo un esclavo, sin embargo pertenecía al liderazgo de la iglesia de Antioquía. El siguiente líder era Manaén, que se había criado junto con Herodes y formaba parte de la nobleza romana. Por último nombra a Saulo que llegó a ser apóstol, pero inicialmente fue un fariseo bien instruido.

En la iglesia de Jerusalén nunca se hubiera visto a personas con estas características en el liderazgo. Siempre tenían problemas con la situación entre los judíos y los gentiles, había graves discusiones por temas de racismo. Tenían prejuicios porque eran tradicionales, legalistas y habían perdido el fuego.

Por otro lado está la iglesia de Antioquía, que era joven y su liderazgo estaba representado por diferentes clases sociales y culturales.

Cuando Pablo fue salvo, Bernabé lo llevó a Antioquía para ser discipulado, no lo llevó a Jerusalén. Tiempo después, este hombre escribió la mitad del Nuevo Testamento. Aunque Bernabé visitó Jerusalén con Pablo, no se quedaron allí porque Bernabé sabía que en la iglesia de Antioquía estaban esos jóvenes cristianos radicales, y sería el mejor lugar para ser discipulado. Desde allí Pablo recibió la revelación de Dios del nuevo hombre: hay solamente un hombre, un cuerpo, no es judío ni gentil, esclavo o libre, blanco o negro; un nuevo hombre, un cuerpo, un Espíritu, un Señor, un bautismo.

El ambiente para ese mensaje

Para capturar la generación que Dios nos ha mostrado tenemos que hacer tres cosas:

A. Descubrirles el evangelio, quiere decir, traducirles el mensaje.

B. Crear un ambiente que hable en su lenguaje.

C. Una transferencia generacional. Dios tiene sus ojos en nosotros pero también los tiene en nuestros hijos y en los hijos de ellos. Dios piensa generacionalmente todo el tiempo.

Cuando comencé a dirigir la iglesia, lo primero que hice fue traducir el evangelio a una nueva generación. Contraté un líder de alabanza de 24 años de edad para que «moviera el bote». Ese fue un año difícil para la iglesia, porque no importaba qué canción cantara, el muchacho no podía evitar tener 24 años y eso parecía ser el problema. En ese tiempo el promedio de edad de nuestra congregación era de unos 40 años y había muy pocos jóvenes universitarios. Por lo tanto las canciones que cantábamos no representaban la cultura de la iglesia.

Durante un año escuché casi diariamente quejas acerca de la música, pero yo tenía un compromiso con una visión de Dios. No era algo mío, sino agradar a Jesús; se trataba de la siguiente generación. Nos mantuvimos en ese rumbo y la iglesia empezó a crecer. En el último año ya la congregación se ha multiplicado grandemente.

El 40% de los que han ingresado son nuevos creyentes. Muchos de ellos no habían estado nunca en una iglesia, son jóvenes de entre 20 y 30 años. Realmente es mucho trabajo, porque no tienen ningún tipo de referencia ni están familiarizados con la iglesia.

Cuando se acercan a nuestras reuniones cristianos que participaban anteriormente de otras iglesias, mi primer pensamiento delante de Dios es: «No sé si me gusta eso, tal vez debemos enviarlos de regreso a sus iglesias», y créame que lo intento, pero no quieren hacerlo porque dicen que sus iglesias continúan atrapadas en los años setenta.

El 85% de nuestros visitantes de cada domingo tienen entre los 18 y 35 años. Aunque creíamos que el promedio de edad de los habitantes la ciudad donde vivimos era de personas ya retiradas de sus trabajos, eso no era cierto. La edad promedio de nuestra comunidad está en los 30 años. Pero por mantener firmes nuestras convicciones no nos dimos cuenta cuando atravesamos estos cambios.

Ser flexible

Como traductores del evangelio debemos saber diferenciar entre lo que es cultural y lo que es eterno. Solemos escuchar frases como: «¡No me gusta el humo en el escenario!», «Esos cuadrados y las luces no me gustan, creo que son del diablo», «Oí que en una nación de África adoraban así a Satanás», «No me gusta ese ritmo y estilo de música, lo usan las tribus de África para llamar a los espíritus malignos».

Algunas de estas percepciones son una cuestión cultural, no eterna. Muchos ponen el valor espiritual en las cosas culturales. Eso es un error en el que la iglesia no debe quedar atrapada, los días han cambiado.

Lo que es relevante hoy, no lo será mañana. Los que hoy tienen 20 años pronto serán viejos. La música cambiará, la cultura cambiará, el lenguaje de nuestra generación será distinto, por lo tanto es mejor ser flexibles y cambiar con ella. No queremos ser viejos gruñones.

La relevancia es una meta que se está

moviendo. Nunca asumas que lo que funcionó ayer funcionará hoy, pero tampoco asumas que lo que funciona hoy funcionará mañana.

Mike Fehlauer es el fundador y director de Foundation Ministries. Viaja constantemente a través de los Estados Unidos y el mundo, compartiendo el mensaje del Señor: amor, esperanza y restauración. También es el autor de los libros *Cómo ser libre de la vergüenza del pasado* (Casa Creación), *Life Without Fear* [Una vida sin miedo] y *Exposing Spiritual Abuse* [Exponer el abuso espiritual]. Es el pastor de la iglesia The Summit Church en Corpus Christi, Texas, y también contribuye frecuentemente en las revistas Charisma y Ministry Today. Él y su esposa han formado parte del ministerio por más de veinte años.

Del cielo

Letra y Música: Julián Collazos

VERSO

Si me amas
Guarda mi palabra
No se turbe tu corazón
Cree en mí
Soy el camino
Verdad y vida para ti
Mi paz te dejo
Consolador te enviaré

PUENTE

Mi espíritu en ti derramaré
Y en tus hijos
Visiones yo pondré

CORO

Del cielo
Un viento recio que sopló
Llenando
Todo mi ser con tu amor
Tu fuego
Mi pecado consumió
Y hoy puedo cantar

Coda

Mi Espíritu
Derramaré
Sobre tus hijos
Lo pondré

Un llamado a traducir el evangelio

Dios nos ha llamado a ser traductores de lo que procede de su viento y de su fuego, asegurarnos de que cada generación tenga la posibilidad y el derecho de escuchar el evangelio en su lenguaje.

Hay una revolución que está tomando lugar hoy, revolución que está emergiendo. Hay jóvenes que han sido llamados a darle un sentido a su generación, y no están participando de la iglesia. El avivamiento verdadero pasa a la siguiente generación porque toca a los perdidos, cambia el clima espiritual de nuestra ciudad, levanta el nivel del agua que lleva y arrastra a la gente al Reino de Dios.

Si tienes una posición de autoridad, de liderazgo en la iglesia, dile al Señor que anhelas poder abrazar ese viento de su espíritu que está soplando y trayendo cambios. Debes estar dispuesto a que en este cambio tu ministerio encuentre una nueva vida, una nueva expresión.

Muchas personas están desesperadas por el evangelio, y a través de tu ministerio conocerán al Señor, escucharán algo fresco. No se trata de predicar otro evangelio, será una revelación que el Señor da a odres renovados. Sé parte del gran cambio que arrastrará a multitudes. Corre la carrera con la velocidad del Espíritu Santo, con la sabiduría de Dios, y guía a la siguiente generación. Pero a causa de la forma en la que has corrido podrás acortar rápido la brecha y no perder el paso. Jesús pronto vendrá y encontrará multitudes de cada color y clase social cantando alabanzas a Él.

Oración

«Padre, somos los siervos que has llamado. Has puesto en nuestro corazón tu pasión por la gente. Danos ojos para ver, como los hijos de Zacarías, que podían

entender los tiempos en los que estaban viviendo. Ayúdanos a ver con tus ojos, a tener tu percepción, a entender en el plano del Espíritu lo que estás haciendo ahora mismo.

Hay una revolución sucediendo, algo poderoso estás haciendo, algo nuevo, transformador, y no queremos perderlo. No queremos tradición que nos eche fuera del camino. No queremos estar aprisionados por nuestros propios legalismos y percepciones. Ponemos nuestras ideas, nuestros sueños y nuestras opiniones, todo a tus pies.

Señor, inunda nuestra mente con tus ideas, con tus opiniones, con tu visión. Necesitamos tu gran misericordia, tu gracia y poder. Ensancha nuestro corazón y comenzaremos a ver un mundo diferente.»

—Mike Fehlauer

Capítulo 5

La casa de Dios

por Lindell Cooley

«Acuérdate, oh Jehová, de David, Y de toda su aflicción; De cómo juró a Jehová, Y prometió al Fuerte de Jacob: No entraré en la morada de mi casa, Ni subiré sobre el lecho de mi estrado; No daré sueño a mis ojos, Ni a mis párpados adormecimiento, Hasta que halle lugar para Jehová, Morada para el Fuerte de Jacob. He aquí en Efrata lo oímos; Lo hallamos en los campos del bosque.

Entraremos en su tabernáculo; Nos postraremos ante el estrado de sus pies. Levántate, oh Jehová, al lugar de tu reposo, Tú y el arca de tu poder. Tus sacerdotes se vistan de justicia, Y se regocijen tus santos.

Por amor de David tu siervo No vuelvas de tu ungido el rostro. En verdad juró Jehová a David, Y no se retractará de ello: De tu descendencia pondré sobre tu trono.

> Si tus hijos guardaren mi pacto, Y mi testimonio que yo les enseñaré, Sus hijos también se sentarán sobre tu trono para siempre. Porque Jehová ha elegido a Sion; La quiso por habitación para sí. Este es para siempre el lugar de mi reposo; Aquí habitaré, porque la he querido. Bendeciré abundantemente su provisión; A sus pobres saciaré de pan. Asimismo vestiré de salvación a sus sacerdotes, Y sus santos darán voces de júbilo. Allí haré retoñar el poder de David; He dispuesto lámpara a mi ungido. A sus enemigos vestiré de confusión, Mas sobre él florecerá su corona»
>
> —SALMO 132

Enrique fue persistente. Varias veces visitó la iglesia de Brownsville, Florida, de la cual yo era director de alabanza, y en cada oportunidad que nos encontrábamos me decía: «Lindell, quiero que vengas a México». Pero yo no tenía deseos de ir. Mi llamado era a Europa Oriental. El Señor me había llamado a Ucrania, no a México, pero él insistió tanto que tuve que ir. Le expliqué que ellos estaban muy bien sin mí, pero su insistencia fue mayor.

Nunca olvidaré el viaje desde el aeropuerto de Chihuahua por el desierto, en el medio de la nada, y con letreros cada 50 kilómetros. En el centro del pueblo de Parral hay una estatua de un hombre montado en un caballo, y en uno de los lados dice: «Bienvenidos a Parral», y en el otro: «Gracias por visitar Parral». Sin embargo, debo reconocer que la comida allí es muy buena.

No estaba preparado para lo que el Señor haría en ese lugar. Dios interrumpió la reunión para que viéramos señales y prodigios. Dos años después de lo vivido, aún deseo regresar a México.

Pero, ¿para qué enviaría Dios a alguien como yo a un lugar como este? Hubiera podido escoger tanta gente mejor que yo. Pero Él ni siquiera me preguntó, simplemente me envió y manifestó su presencia en ese lugar. Aunque pensándolo bien, tampoco me pidió permiso para introducirme al tema de la adoración.

Me gustaba mucho tocar el piano. Una mañana, el líder de alabanza no asistió al servicio dominical y el pastor se acercó a mí para decirme que necesitaban que dirigiera la alabanza. Hoy, luego de varios años y al ver lo que Dios ha hecho en mi vida, estoy humillado y maravillado de cuán grande Él es. Él tiene una forma de tomar lo necio, lo que no tiene sentido y cambiarlo en algo que le llevará gloria a Él.

Casa de Dios

Crecí en la iglesia y pasaba la mayor parte de mi tiempo allí. Regresaba a mi casa para comer, bañarme y después nuevamente volver al templo. He estado en todos los tipos de iglesia que puedas imaginar: grandes catedrales, pequeños templos, iglesias bajo tiendas con pisos de tierra, etc. A todos estos sitios los llamamos la «Casa de Dios».

Si Dios tuviera una casa en la tierra, ¿cómo se vería?, ¿qué sucedería dentro de esa casa? Si Dios tuviera un lugar para morar en la tierra, ¿dónde sería? Imagina por un momento... ¿Qué encontraríamos en esta casa? ¿Cómo sería la atmósfera de ese lugar?

> «Mas ¿quién será capaz de edificarle casa, siendo que los cielos y los cielos de los cielos no pueden contenerlo? ¿Quién, pues, soy yo, para que le edifique casa, sino tan sólo para quemar incienso delante de él?» (2 Crónicas 2:6).

> «Mas ¿es verdad que Dios habitará con el hombre en la tierra? He aquí, los cielos y los cielos de los cielos no te pueden contener; ¿cuánto menos esta casa que he edificado? (2 Crónicas 6:18).

Todo en mi casa está ubicado como a mi esposa

y a mí nos gusta. Tengo un cuarto en el que pongo todo de acuerdo a mi gusto. El resto de la casa expresa en su mayor parte el gusto de mi esposa. En mi casa, como la mayoría, hay una puerta y un pasillo de entrada. Aún no sé la utilidad de ese pasillo, pero generalmente se ve mejor que el resto de la casa, allí ingresan las personas que recién conozco, porque la primera impresión es importante. Todas las personas con las cuales todavía no tengo la suficiente confianza ingresan en primer lugar a ese pasillo de entrada. Allí se conversan lo superficial de la plática: «Hola, ¿qué tal? ¿cuánto le debo?». Si mis vecinos se acercan a la casa generalmente los invito a pasar e ingresar a otra puerta que da a la cocina o los llevo a la sala.

En la sala la conversación es diferente de la que se platica en el salón recibidor, es más profunda. La conversación en la cocina es más íntima todavía, porque la desarrollamos mientras comemos.

Amo a los hispanos porque les gusta comer tanto como a mí, me encanta estar con ellos. No importa en qué parte del mundo te encuentres, si visitas la casa de una familia de hispanos, te sentarás a la mesa y vas a comer en abundancia. Esto no sucede en otras ciudades del mundo. Pero todos sabemos que cuando una persona va ingresando a las diferentes áreas de la casa, la intimidad de la relación va profundizándose y se unen vínculos más fuertes.

La Iglesia como su casa

> «Porque Jehová ha elegido a Sion; la quiso por habitación para sí» (Salmo 132:13).

La palabra «Sion» tiene tres referencias:

1. Es el nombre de un monte en Jerusalén
2. Es la Iglesia
3. Es la nueva Jerusalén

Pero pensando en el segundo significado, Dios ha escogido a la Iglesia como su habitación deseada. Sin embargo, creemos que la Iglesia existe para ayudar a suplir las necesidades de la gente. Allí pueden recibir enseñanza y crecimiento, pero no construimos una iglesia para Dios. Él quiere que la Iglesia sea un lugar para habitar, es un lugar para su placer. La Iglesia existe para Él.

> «Este es para siempre el lugar de mi reposo; aquí habitaré, porque la he querido. Bendeciré abundantemente su provisión; a sus pobres saciaré de pan» (vv. 14-15).

Dios desea alcanzar un lugar para habitar. En su

Palabra dice: «Yo deseo un lugar para habitar, una casa, y cuando la tenga entonces bendeciré abundantemente a aquellos que me han hecho una habitación».

> «Asimismo vestiré de salvación a sus sacerdotes, y sus santos darán voces de júbilo» (v.16).

En aquella casa los que caminan en una verdadera relación con Dios cantarán de corazón, no lo harán como una presentación de concierto. No somos tan importantes a menos que estemos construyendo una casa donde vivir, y como consecuencia de que Él vive allí, habrá provisión.

A algunos cristianos les gusta cantar, a otros les gusta predicar y quieren hacerlo cada vez mejor, y eso no es malo, mientras la motivación correcta sea hacerlo excelente para Dios. Muchos se esfuerzan para hacerlo, pero para agradar a la gente, sin embargo no podrás agradar a todo el mundo.

Si deseas construir un gran sillón para que Dios se siente, el confort debe ser para Él de acuerdo a lo que quiera. En la Iglesia, lo más importante no es desarrollar ministerios sino que Dios esté cómodo.

En el capítulo 8 del Evangelio de San Mateo Jesús dijo: «Las zorras tienen guaridas, y las aves del cielo nidos; mas el Hijo del Hombre no tiene dónde recostar su cabeza» (v.20).

Al leer el texto anterior pensé: «¿Por qué razón Jesús dijo esto?». Analicé lo que otros Evangelios decían al respecto, y en Marcos capítulo 11 estaban vendiendo a un precio muy alto los animales para el sacrificio, y Jesús se enojó y dijo: «Mi casa será llamada casa de oración para todas las naciones. Mas vosotros la habéis hecho cueva de ladrones» (v.17).

Cristo caminaba sobre la tierra y no podía encontrar descanso en la casa de su Padre porque estaba llena de otras cosas: ocupaciones, mercancías y religión. El Hijo de Dios no podía entrar a su casa porque no era bienvenido. Entonces dijo que la casa de su Padre sería llamada casa de oración.

Una casa preparada para Él

El Señor no está buscando rentar un departamento o un cuarto de hotel. Aunque ambos son bonitos, generalmente son para pasar solamente un tiempo. Dios no está buscando un lugar temporal, Él está buscando un lugar donde pueda quedarse a vivir permanentemente. Él está buscando un lugar al que pueda llamar «su casa». Un lugar donde se pueda sentirse entronado en la alabanza. Él está buscando un lugar donde la televisión está en su programa favorito, donde la comunión es confortadora.

Dios no busca la casa perfecta, a Él le gusta

remodelar los lugares, quiere mover las paredes, acomodar los muebles y limpiar los closet. Cuando invitamos al Señor a mudarse a nuestra vida, el camión de la mudanza llega lleno con sus cosas, y en realidad no puede desempacarlas porque lo nuestro ocupa todo el espacio.

Invitamos al Señor a nuestro pequeño vestíbulo y le decimos: «Señor, he limpiado esta pequeña sala para ti. Trae por favor tu sillón de la bendición, tu dinero, y además mi esposa necesita salvación».

El Señor acepta y mora por unos instantes en esa sala, pero luego empieza a mirar alrededor, y pregunta: «¿Qué hay dentro de este cuarto?». Entonces le decimos: «No, Señor, no creo que quieras abrir esa puerta. Eres bienvenido aquí, pero ese es mi cuarto de computación. Ahí es donde miro pornografía. Además, detrás de esa otra puerta la sala no es tan bonita. En ese closet guardo mis secretos, es un lugar muy personal».

Debemos reflexionar y darnos cuenta que Dios no está buscando una sala, Él está buscando una casa, un lugar para reposar. Él quiere entrar a la recámara.

> «Este es para siempre el lugar de mi reposo; aquí habitaré, porque la he querido» (Salmo 132:14).

«Jehová dijo así: El cielo es mi trono, y la tierra estrado de mis pies; ¿dónde está la casa que me habréis de edificar, y dónde el lugar de mi reposo? Mi mano hizo todas estas cosas, y así todas estas cosas fueron, dice Jehová; pero miraré a aquel que es pobre y humilde de espíritu, y que tiembla a mi palabra» (Isaías 66:1-2).

El confort de Dios

¿Está tu casa hecha para el confort de Dios? A Dios le gusta la comunicación, estar rodeado por cosas que te hacen feliz. A Dios lo hace feliz tu obediencia. Tu casa debería ser un lugar donde la familia está en paz unos con otros. Si Jesús llegara a quedarse en tu casa por cinco días, ¿qué querrías cambiar? ¿Qué libros quisieras sacar? ¿Qué música quisieras quitar de tu colección? ¿Qué amigos quisieras borrar de tu vida?, ¿qué secretos quisieras limpiar?

Si Dios verdaderamente viniera a tu casa, ¿es tu corazón un lugar para que Él habite? ¿Es buena tu comunicación con Dios? Si invitas a Dios a tu vida, ¿estará cómodo con tus hábitos y con tus amigos?

Cuando me casé tuve que olvidarme de algunos amigos porque a mi esposa no le gustaban, no se sentía cómoda con ellos. El matrimonio es un claro ejemplo acerca de cómo debería ser nuestra relación con Dios. Él debe sentirse cómodo con tus amigos y los lugares donde vas, o ¿tú le pides que se quede afuera y que espere a que tú salgas?

¿Se sentaría el Espíritu Santo en el sillón de tu sala y miraría lo que estás sintonizando en la televisión o en el DVD? ¿Iría contigo al cine a ver lo que estás mirando? ¿Está el Espíritu Santo cómodo con lo que estás pensando? Esencialmente Dios ha sido rechazado y maltratado en su propia casa.

Lindell Cooley, como hijo único de un ministro en el norte de Alabama, creció rodeado de música y el ministerio a lo largo de sus años formativos. Su primera experiencia musical práctica llegó a la edad de cinco años cuando aprendió a tocar el tamborín. Desde entonces se dedicó a tocar la batería, bajo, órgano y piano. A la edad de veintiún años, Lindell pasaba parte de su tiempo tocando el piano con músicos cristianos y sirviendo como pastor asociado en la iglesia de su padre.

En el verano de 1994, Lindell visitó la iglesia Brownsville Assembly que lo llevó a trasladarse de Nashville a Pensacola un año después, siendo parte de uno de los avivamientos históricos como director de alabanza. Con cerca de 4 millones de visitantes y sin miras de llegar a un final, el avivamiento en Pensacola continúa atrayendo gente de todas partes del mundo.

El primero de enero del 2004, Lindell dejó de ser el director de Alabanza en Brownsville Assembly para establecer una iglesia y pastorearla. Si deseas conocer más acerca del ministerio de Lindell visita: www.mmi-inc.com

Rey de toda nación

Letra y Música: Tim Holland

Verso

Rey de toda nación
Coronado en majestad
De tu reino no habrá fin
Y tuya es la potestad

Puente

Hoy me postro ante ti
Te adoro una vez más
Por tu sangre carmesí
Sé que me aceptarás

Coro

Te daré
Toda gloria, oh Rey
Te exaltaré
Por siempre

La casa donde Jesús quiere habitar

Creo en la profecía, en el ministerio apostólico, en la enseñanza, el pastorado, y también creo que tenemos que guiar a los quebrantados al Señor para ser sanados. También creo que todo lo que necesitas está en la casa de Dios, pero no solamente para suplir tus necesidades sino para que se arreglen todos los problemas y desórdenes que tienes en tu vida.

Hemos invitado a cientos de personas, colocamos

el termostato a una temperatura agradable, pero ponemos un cartel que dice: «No entrar». A veces le decimos al Espíritu Santo: «A menos que tengas algo bueno que manifestar, no vengas aquí, porque echarás a perder nuestra iglesia».

Dios pregunta: «¿Habrá una casa para mí? Si supieras lo que tengo me harías sentir cómodo. ¡Cómo me gustaría sentarme allí!, pero no soy bienvenido, no tengo lugar donde pueda sentarme, dices que todo se trata de mí, pero no hay nada allí para mí».

Dios es bondad, donde Él habita hay libertad, porque Él es libertad. Cuando Él entra lleva llaves para todas las cerraduras que te mantuvieron encerrado.

Dios es misericordia, Él perdona todo pecado y toda falla.

Dios es sanidad, no solamente perdona nuestros pecados, también sana todas nuestras dolencias.

Dios es bendición. Cuando Él mira tu casa ya sabe los planes que tiene para ese lugar, planes de bendición. Cuando Él es invitado repara todas las cosas que están rotas. Cuando Dios entra a tu casa, Él traslada su propio sistema de seguridad, pone guardias de seguridad, y dice: ningún mal pisará tu morada.

Dios es Príncipe de Paz. Cuando te cambia, todos los problemas y la confusión se acaban, y ya no pueden estar allí. Él trae fe, y cuando tienes fe creas una nueva realidad. Cuando Dios está contigo no importa quién fue tu papá, quién era tu mamá. No importa si eres de una familia pobre o rica, cuando Él se muda contigo te dice: «Ahora que estoy aquí, si tienes fe como un grano de mostaza le puedes decir a esta montaña quítate, y es hecho».

A Él no le importa tu pasado. El Señor está a punto de moverse, porque no podemos ir más allá sin Él. Una casa no es un hogar hasta que Él vive allí. Jesús desea venir a tu vida, a tu corazón, pero necesita ser invitado. ¿Por qué no le invitas ahora?

ORACIÓN

"Señor de misericordia, vengo ante ti. Reconozco que no soy digno. He cometido muchos errores en mi vida. Pero ahora te pido que entres a mi corazón. Quiero que vengas y mores en él. Haz de mi corazón tu casa. Toma tú el control de mi vida. Ya no quiero más seguir sin ti, Jesús. Límpiame, sáname y hazme nueva criatura. Vivo ahora sólo para ti. En el nombre de Jesús."

—LINDELL COOLEY

Capítulo 6

Aviva el fuego de Dios

por Aquiles Azar

«Trayendo a la memoria la fe no fingida que hay en ti, la cual habitó primero en tu abuela Loida, y en tu madre Eunice, y estoy seguro que en ti también. Por lo cual te aconsejo que avives el fuego del don de Dios que está en ti por la imposición de mis manos. Porque no nos ha dado Dios espíritu de cobardía, sino de poder, de amor y de dominio propio. Por tanto, no te avergüences de dar testimonio de nuestro Señor, ni de mí, preso suyo, sino participa de las aflicciones por el evangelio según el poder de Dios».

—2 Timoteo 1:5-8

Tengo un amigo que muchas veces le predica valientemente a la gente acerca de Cristo, no se avergüenza de dar testimonio de lo que Dios hizo en su vida. Una vez le pregunté cómo sabía que esas personas estaban listas para recibir el evangelio. "Es fácil –contestó–. Les pregunto."

Es tiempo de salir a predicar con un espíritu de valentía. Este es el momento en que debemos expresarles a aquellos que sufren y necesitan conocer nuestro testimonio y las obras que el Señor hizo en nosotros. Por esa razón, el consejo de Dios para este tiempo es el mismo que Pablo le dijo a Timoteo: «Aviva el fuego del don de Dios que está en ti» (2 Timoteo 1:6). Esa era la clave: «¡Avivar el fuego!». Ese fuego es el que nos moviliza hacia el perdido, hacia aquel que necesita a Cristo.

El término «Avivar», según el Diccionario General de la Lengua Española, significa «Dar nueva fuerza y vigor». Si desea pensar en los diferentes sinónimos podemos mencionar: «vivificar, reavivar, reanimar, encender». Cuando nos referimos puntualmente al fuego, la palabra exacta es «atizar o soplar para que la llama brille y caliente más, para que crezca y se extienda». Dios es quien aviva en nosotros el fuego.

Sopla sobre el fuego

La fe es acción y no nos permite quedarnos pasivos. La Biblia declara: «Pero alguno dirá: Tú tienes fe, y yo tengo obras. Muéstrame tu fe sin tus obras, y yo te mostraré mi fe por mis obras» (Santiago 2:18).

Cuando nos activamos delante de Dios y en el nombre del Señor Jesucristo, lo que estamos haciendo es «avivar el fuego del don de Dios que está en nosotros». El don de Dios es el Espíritu Santo en nuestra vida.

Viento más fuego

Jesús y Pablo se refirieron al Espíritu Santo como «la promesa del Padre». El libro de los Hechos declara que recibiremos el don del Espíritu Santo como un regalo, nada podemos hacer para ganarlo, es un don que viene del cielo. Dios nos ha dado ese don precioso, es el Espíritu de Dios, es la persona más maravillosa sobre la faz de la tierra. Él mora en ti y en mí.

Cuando la llama de una fogata se está apagando, debemos tomar algún elemento que al agitarlo produzca viento y avive el fuego. Dios utiliza el viento de la fe para encender y avivar su fuego en nosotros. El Señor soplará sobre nuestra vida.

Dios habló claramente al profeta y le dijo: «Así ha dicho Jehová el Señor: Espíritu, ven de los cuatro vientos, y sopla sobre estos muertos, y vivirán» (Ezequiel 37:9).

Pero para que el viento de Dios sople debemos hacer algo que ellos hicieron: «Estaban reunidos esperando la promesa del Padre». Se unieron para buscar el rostro de Dios. Esperaban con gran expectativa en sus corazones algo grande que iba a suceder. Dios haría algo en su tiempo, en su generación. Ellos le creyeron a Dios y confiaron en Él.

De repente vino del cielo como un viento recio que soplaba. Esa era simplemente una respuesta a lo que ellos estaban anhelando: «buscar su presencia». Cuando nos movemos en fe, Dios aviva el fuego que hay en nosotros de una forma extraordinaria.

El paso siguiente al avivamiento en nuestro corazón es llevar sanidad a los enfermos, restaurar al herido, animar al caído y libertar al pecador. Cuando el fuego de Dios es encendido hay santidad y gracia.

Fe y acción

La fe no es el resultado de nuestra razón natural sino que es cien por cien sobrenatural y proviene del cielo. Dios nos da fe, y cuando la poseemos inmediatamente nos accionamos y no podemos quedarnos tranquilos. La fe es acción y sustancia, y es dada por Dios para alcanzar lo inalcanzable.

La Palabra declara: «Mas el justo por la fe vivirá» (Romanos 1:17). La fe es vida, tiene una meta, un propósito, una visión. Siempre tiene un lugar hacia dónde ir, necesita estar en constante movimiento. La fe no es estática.

Cuando tienes un proyecto y sabes que harás algo para lo que Dios te usará, eso te hace vivir, te mantiene vivo. Quien no hace nada muere fácil, pero el que siempre está haciendo algo es difícil que perezca. La actividad del cristiano energiza su vida espiritual.

> «... trayendo a la memoria la fe no fingida» (2 Timoteo 1:5)

En este verso el apóstol parece remarcar que indirectamente existía una «fe fingida», que a través de formas, estructuras y normas religiosas hacían a las personas vacías. Pero una «fe no fingida» es la que brota de un corazón donde Dios la ha sembrado, y actúa en relación a ello. Esa fe te provee de energías para ver las cosas como Dios las ve: «Nada es imposible para el que cree, nada es imposible para el que tiene fe».

> «Y he aquí una mujer cananea que había salido de aquella región clamaba, diciéndole: ¡Señor, Hijo de David, ten misericordia de mí! Mi hija es gravemente atormentada por un demonio. Entonces ella vino y se postró ante él, diciendo: ¡Señor, socórreme! Respondiendo él, dijo: No está bien tomar el pan de los hijos, y echarlo a los perrillos. Y ella dijo: Sí, Señor; pero aun los perrillos comen de las migajas que caen de la mesa de sus amos. Entonces respondiendo Jesús, dijo: Oh mujer, **grande es tu fe;** hágase contigo como quieres. Y su hija fue sanada desde aquella hora» (Mateo 15:22, 25-28, énfasis añadido).

La clave para alcanzar el milagro está en quererlo. Muchos quieren la victoria y viven buscándola, ellos piensan que no lograrán alcanzar lo que desean, y realmente no lo alcanzan.

La mujer cananea anhelaba algo con todo su corazón y se accionó para ello, movilizó su fe. Entonces Jesús le dijo: «Hágase contigo como quieres». Cuando quieres algo y eso está conforme al plan y a la voluntad de Dios, será hecho. Los pensamientos de Dios para tu vida son pensamientos de bien, de paz. Es lo que Dios tiene para ti.

La mujer no merecía la bendición porque Jesús vino primero a los judíos y ella no lo era. Primero debía cumplirse la voluntad del Padre para con el pueblo de Israel y luego con todas las naciones. Ella estaba fuera del contexto de un cumplimiento profético, sin embargo quiso algo que era bueno, agradable y perfecto, que estaba de acuerdo a la divina voluntad de Dios. Fue entonces que pudo ver su milagro.

La manera de avivar el fuego del don de Dios en nosotros es movernos por fe. La manera de producir viento para avivar la llama es cuando hacemos algo, cuando nos activamos. Esa es la brisa que Dios usa para glorificar su nombre y para que el fuego arda en nosotros y consuma todo lo que no es de Dios. Ese fuego arde de tal forma que, como dijo Jeremías, produce en nosotros un gran amor: «Me **sedujiste**, oh Jehová, y fui seducido… había en mi corazón como un fuego ardiente metido en mis huesos; traté de sufrirlo, y no pude» (Jeremías 20:7, 9, énfasis añadido).

Dios respalda nuestra fe

La fe es el viento que el Espíritu Santo usa para avivar el fuego que hay en nosotros. Pero esa fe se transfiere. La Palabra dice que esa clase de fe la tenía Timoteo, primero habitó en su abuela Loida y luego en su madre Eunice.

La gracia de Dios se transfiere: «si andas con sabios serás sabio». Si caminamos con personas de unción, de fuego, de fe, nuestra vida estará influenciada por ese tipo de virtudes que se transfieren de generación a generación, de ministerio a ministerio.

Somos un recipiente, una morada donde la fe puede habitar. El hambre y la sed de Dios representan nuestras acciones hacia Él y obran de acuerdo al hambre y a la sed que tengamos.

> «Si alguno tiene sed, venga a mí y beba. El que cree en mí, como dice la Escritura, de su interior correrán ríos de agua viva» (Juan 7:37b-38).

Al abrir las compuertas del río de Dios y avivar el fuego y la fe que está en nosotros, Dios se manifiesta. Si quieres algo que nunca has tenido tienes que hacer algo que nunca has hecho.

Tenemos que producir un viento que sople sobre ese fuego y arda para consumir ciudades, poblaciones y aún naciones.

El Espíritu de Dios sopla sobre la Palabra y la respalda con señales, prodigios y milagros. Cuando caminamos en ella, Él cabalga sobre la Palabra que tenemos, sobre las acciones que hacemos. Esa es la fe que mueve a Dios.

Sin fe es imposible agradarle. Puedes llorar, gritar, ayunar o quejarte delante de Dios, pero a Él eso no lo mueve, Dios se moviliza cuando encuentra gente con fe.

Cuatro muchachos eran los que se movilizaron buscando ayuda para su amigo paralítico. Nada los detuvo, ni siquiera una multitud que rodeaba el lugar donde estaba Jesús. Buscaron el modo de hallar el lugar para encontrar la gracia sanadora de Jesús, y lo encontraron. El techo era el sitio por donde ingresarían al lugar que necesitaban llegar: «delante de la presencia de Jesús». Insistieron tanto que se movilizaron con fe y subieron al techo, hicieron una abertura y bajaron al paralítico. La fe de estos amigos fue respaldada por Dios. Jesús miró al paralítico y miró a los amigos, y a causa de la fe de ellos, el paralítico fue sano.

Aquiles Azar nació en Santo Domingo, República Dominicana, el 24 de septiembre de 1965. A la edad de 19 años recibió a Jesucristo como su Señor y Salvador. Su llamado de evangelista fue evidente desde que era apenas un nuevo creyente. En su juventud visitaba las plazas y lugares públicos frecuentados por los jóvenes para predicarles el evangelio y guiarlos al arrepentimiento. Su amor hacia Dios lo hizo ser un creyente trabajador y comprometido en el servicio en la obra.

En 1989 fue investido como Pastor Asociado en la Iglesia Cristiana a la que pertenecía, donde por cinco años sirvió activamente como maestro de la palabra, evangelista, líder de jóvenes, y luego como pastor asistente. En ese mismo año, asistió al colegio bíblico Cristo para las Naciones en Dallas, Texas, donde estudió teología práctica. En 1991 terminó sus estudios bíblicos en un instituto bíblico en la Republica Dominicana.

En el año 1994 entra a una nueva etapa de su vida y ministerio al ser llamado como pastor, dando inicio a la Congregación de Fe Cristiana, iglesia que pastorea conjuntamente con su esposa Zuleyka, una mujer llena de fe y de la gracia de Dios.

En 1997, al asistir a una de las cruzadas del pastor Benny Hinn en Bayamón, Puerto Rico, tuvo una visión donde el Señor Jesucristo lo cubría con un manto diciéndole "Yo soy el que te unjo". Minutos después fue llamado por Benny Hinn de entre la multitud profetizándole sobre el mover de Dios sobre su ministerio, recibiendo una fresca unción. Desde ese entonces el ministerio que preside ha estado impactando con cruzadas de fe, milagros y sanidad por toda esta nación y América Latina llevando en cada una de estas el mover del Espíritu Santo.

El Señor ha puesto en su corazón llevar el evangelio con excelencia y no ha escatimado esfuerzo alguno para darle lo mejor a Dios. Actualmente tiene la cobertura ministerial de Faith Christian Fellowship International siendo a su vez el director nacional de FCF para la República Dominicana. El pastor Aquiles Azar es un ministro de fe, con una unción profética al ministrar que se manifiesta con una palabra viva de parte de Dios para estos tiempos.

Gracias a esto lidera uno de los ministerios más prósperos de la República Dominicana. Si deseas conocer más sobre el ministerio de Aquiles visita: www.aquilesazar.org.

Arde en mi espíritu

Letra: Marco Barrientos
Música: Joel Contreras, Fernando Solares

Verso

El brillo de tu rostro
Alumbra mi oscuridad
Te acuerdas que soy polvo
Y me vuelves a inspirar
Me acerco ante el Trono
En mi debilidad
Eres fuerte, eres fuerte

Coro

Tu viento sopla
Como un estruendo
Aviva hoy el fuego
Avívame, Señor
Tu fuego quema
Arde en mi espíritu
Radiante

Verso

Estoy tan listo, estoy dispuesto
Mi Jesús
Mi corazón te ofrezco
Nadie es como tú
Me acerco ante el Trono
En mi debilidad
Eres fuerte, eres fuerte

Coro

Tu viento sopla
Como un estruendo
Aviva hoy el fuego
Avívame, Señor
Tu fuego quema
Arde en mi espíritu
Radiante

Puente

Arde en mí, Señor

Contempla

El fuego de Dios activa tu llamado

Tú tienes fe. Atrévete a alcanzar lo inalcanzable en tu tiempo y en tu generación. Aviva el fuego de Dios en ti. Hazle caso a Dios. Créele. Él no te dejará solo. Tal vez tengas sobre tu corazón un llamado como evangelista, pastor, maestro o ministro de alabanza, pero debes saber que en esa misión que te fue encomendada, el fuego de Dios se ha activado en ti.

Dios quiere levantarte para derribar las dificultades

que se cruzarán en tu camino, para derribar las influencias demoníacas y que caigan esas ataduras de pecado. El único requisito esencial es que tengas fe y una búsqueda intensa de la presencia de Dios.

Oración

Padre celestial, aviva el fuego de tu Espíritu en mí. Que tu fuego queme y quebrante todo aquello que impide que yo pueda hacer tu obra. Activa todo lo que tú has depositado dentro de mí. Declaro sobre mi vida una nueva unción de tu Espíritu. Comienzo a actuar conforme al propósito tuyo para mi vida. En el nombre de Jesús.

—Aquiles Azar

Capítulo 7

Llenos del Espíritu

por Marco Barrientos

En lo profundo del hombre hay un santuario privado en el que mora la esencia de su ser. Es el «yo soy» del hombre, un regalo del «YO SOY» que lo creó. La Escritura lo llama el espíritu.

La trágica pérdida en la caída del hombre fue la salida del Espíritu de este santuario interior. Por la misteriosa operación del Espíritu en el nuevo nacimiento, la naturaleza divina entra nuevamente en ese santuario y establece su residencia allí:

> «¿No sabéis que sois templo de Dios, y que el Espíritu de Dios mora en vosotros?» (1 Corintios 3:16).

> «¿O ignoráis que vuestro cuerpo es templo del Espíritu Santo, el cual está en vosotros, el cual tenéis de Dios, y que no sois vuestros?» (1 Corintios 3:16).

Mi querido amigo, John Burns de Vancouver, Canadá, me dijo: «Quiero darte un consejo: Permite que tus hijos te escojan la ropa». Por cierto le hice caso. Este año, cuando regresamos de un viaje a México, invité a mis niños, Daniela de 15 años y Marquitos de 12, a que me acompañaran a comprar unas camisas y me ayudaran a escogerlas. Se emocionaron por mi invitación y exclamaron: «¡Gracias, Dios!». Fuimos a una tienda y les dije: «Haré algo que nunca he hecho en mi vida. Dejaré que ustedes seleccionen las camisas». Rápidamente comenzaron a actuar y a mostrarme una variedad de colores y estilos de acuerdo a sus respectivos gustos: «Ésta, ésta o ésta otra». Ellos sabían exactamente lo que estaban buscando. Al ver los estampados que me mostraban recordé que hacía poco tiempo había visto a unos de mis colaboradores que llegó a la oficina con una camisa de este tipo, de acuerdo a la moda, y yo le pregunté: «¿Qué ocurrió que viniste en pijama?».

Llega un momento en el que hay que entender que suceden cosas fuera de las estructuras de tu mentalidad, fuera de tu forma de pensar. Seguramente que para cada uno de nosotros es más cómodo tener una cierta seguridad basada en las cosas conocidas, porque lo desconocido no es seguro. Pero Dios quiere llevarnos de lo conocido a lo desconocido, de lo superficial a lo profundo, de lo estructurado a lo abierto. Dios quiere llevarnos a una nueva experiencia, y en ella todo es posible, no sólo aquello que es lógicamente alcanzable de acuerdo a tus características físicas, psicológicas o temperamentales, sino que para que todo sea posible es necesario que nos atrevamos a ponernos una camisa que parece un pijama. Podemos decirle al Señor: «Estoy dispuesto a salir en pijama. Estoy dispuesto a vestirme con algo con lo que tal vez en otro tiempo no me sentiría totalmente cómodo, y pensaría que los demás se estarían fijando en mí».

Ahora, cuando me visto y mis hijos me ven, tienen una sonrisa en su rostro que claramente revela sus pensamientos: «Gracias a Dios mi papá no es un viejito todavía».

Necesitamos crecer hasta llegar a un punto y decir: «Señor, lo que sea necesario cambiar estoy dispuesto a cambiarlo». En mi caso, si era necesario cambiar mi forma de vestir, lo haría. Aquel consejo de John Burns tenía un gran propósito, pues me explicó lo siguiente: «Tú estás ministrando a una generación joven, muchos de ellos tal vez por el objetivo de la música, algunos otros por tu trabajo con la juventud». Entonces agregó algo que me sacudió: «Tú no te estás haciendo más joven. Los jóvenes siempre van a ser jóvenes, pero tú continúas creciendo».

¿Te has puesto a pensar en eso? Los jóvenes siempre son jóvenes. Siempre se verán como tales al sentirse jóvenes. Mi respuesta fue: «Yo no quiero llegar a un punto en el que mi apariencia externa, que es el reflejo de cómo pienso, les diga a los jóvenes que hay una brecha, y que ellos no tengan la confianza de acercarse a mí».

No pretendo poner demasiado énfasis en un pedazo de tela ni en la apariencia externa. Conozco perfectamente que la Escritura dice que «Dios no mira lo que mira el hombre, Él mira el corazón». Pero si deseas ingresar a una dimensión abierta en la que todo es posible, entonces tienes que estar dispuesto a decir: «Señor, cambiaré de mi vida lo que sea necesario».

Pero, ¿cómo podemos ser llenos del Espíritu Santo?

Reconoce tu anhelo por el Espíritu

El corazón humano no puede vivir en el vacío. Si le impedimos disfrutar del vino del Espíritu, entonces se volcará hacia la carne para tener deleite. La religiosidad nos roba el deleite de la presencia de Dios, e invariablemente el corazón buscará otra fuente de alegría en los deleites de la carne.

Esa es la razón principal por la cual en los círculos más religiosos y cerrados es donde se encuentran los pecados más aberrantes. El Señor dispuso que sólo en la presencia de Dios encontráramos la plenitud que anhelamos.

> «¿O pensáis que la Escritura dice en

> vano: El Espíritu que él ha hecho morar en nosotros nos anhela celosamente?» (Santiago 4:5).

La palabra «anhelar» en el original es la palabra «*epipozeo*» que significa desear o perseguir con amor. El Espíritu nos anhela celosamente, nos busca celosamente. El Salmo 45:11 dice: «*Y deseará el rey tu hermosura*». Al leer este texto realmente deberíamos preguntar: «Dios, ¿realmente tú deseas mi hermosura?». Si el Rey te desea permite que te tenga. Estamos frente a un Dios que nos anhela celosamente, que satisface nuestro corazón por medio de su Espíritu.

> «Me mostrarás la senda de la vida; en tu presencia hay plenitud de gozo; delicias a tu diestra para siempre» (Salmo 16:11).

La palabra «delicias» que en hebreo es «*nahim*», quiere decir: «dulce, agradable, placentero». Hace unos días estaba en la ciudad de México y tomé un mango manila, estaba en su punto justo, muy dulce. Quería comerlo, pero tengo una técnica para eso: Lo tomo de la parte inferior, más gruesa, pelo solamente la parte de arriba y lo como, como si fuera una paleta. En medio de este intento comienza a derramarse entre mis manos el jugo de la fruta, pero el momento más importante de esta experiencia es cuando mi codo empieza a gotear.

«Gustad, y ved que es bueno Jehová» (Salmo 34:8). La palabra «gustad» nos vincula simultáneamente con saborear, probar. El Espíritu de Dios está en pos de nosotros, Él conoce nuestras necesidades y sabe que muchas veces tienen una raíz interior, en el Espíritu.

A veces tenemos deudas, problemas con la tarjeta de crédito. Eso es el resultado de que hay ciertas necesidades que no han sido satisfechas en el Espíritu, en el interior, y que por esa razón compramos compulsivamente y no podemos detenernos. Probablemente comprar es una forma de hallar algo deleitoso, dulce, que nos satisfaga. Pero cuando el Espíritu Santo pone en orden nuestra vida, transforma la mentalidad antigua y suple todo tipo de necesidades. De pronto descubres que la urgencia de gastar ya no está, y seguramente poco a poco desaparecerá la deuda de la tarjeta de crédito que quedó como una consecuencia de la experiencia vivida. Cuando el Espíritu Santo desciende sobre tu vida ordena todo lo que estaba mal, y así cada cosa comienza a ubicarse en su lugar.

Déjalo entrar

Una cualidad del Espíritu Santo es la «accesibilidad». Él es capaz de ingresar, de meterse en nuestro cuerpo y nuestra mente, y morar con nuestro espíritu. Él puede llenar el corazón sin sacar ninguna de nuestras cualidades humanas.

Jesús dijo en Juan 14:17: «El Espíritu de verdad, al cual el mundo no puede recibir, porque no le ve, ni le conoce; pero vosotros le conocéis, porque mora con vosotros, y estará en vosotros».

Cuando el Espíritu de Dios mora dentro de nosotros puede tener un punto de contacto en esta tierra. Aunque al razonarlo te cueste entenderlo, la Biblia es muy clara. En varios pasajes nos dice que mora «adentro del cuerpo», y ésta no es una figura del lenguaje, es una realidad. El Espíritu Santo ingresa a nuestro cuerpo y nuestro espíritu, el santuario más profundo que existe dentro de nosotros, es entonces cuando la obra de Dios puede ser posible aquí en la tierra.

El texto de Juan 14:23 dice: «Respondió Jesús y le dijo: El que me ama, mi palabra guardará; y mi Padre le amará, y vendremos a él, y haremos morada con él».

En todas las casas del mundo siempre hay cosas que no sirven. Alguna vez al año posiblemente decidimos hacer limpieza profunda y tirar aquello que sabemos que nunca usaremos. Esa limpieza debería extenderse a nuestro aspecto físico, como por ejemplo ir al dentista para reparar aquellas piezas que están dañadas.

Hace un tiempo, al finalizar el servicio del domingo, se me acercó un muchacho y me dijo que estaba muy triste porque tenía ganas de casarse y las muchachas a las cuales se acercaba no le hacían caso. Al verlo, inmediatamente supe la razón de esa reacción de las mujeres. No pretendo exagerarle, pero su boca despedía un olor insoportable, intenté alejarme unos centímetros para que el impacto no fuera tan directo hacia mi rostro, pero al mismo tiempo no quería hacerlo sentir mal. Sin embargo, mi obligación era explicarle una de las razones por la cual las muchachas lo dejaban de lado.

Cuando Dios limpia nuestro interior nos llena, y aún el exterior comienza a cambiar. Hay una educación que no proviene del conocimiento adquirido en la universidad, sino que solamente viene de Dios.

Conozco un precioso hombre de Dios en Tuxtla Gutiérrez, Chiapas, que se llama Jesús Cartelazo. Es la persona más educada y fina que puedas imaginar, sin embargo nunca fue a una escuela primaria y aprendió a leer con la Biblia. Entonces me pregunto: «¿Quién le enseñó buenos modales y educación?». Obviamente hay dos formas en las que aprendió: una fue juntándose con gente que podía enseñarle, ser muy observador y estar dispuesto a aprender. La otra es que su corazón fue lleno de toda la sabiduría, la ciencia y la inteligencia de Dios.

Cuándo tu corazón es lleno del Espíritu Santo sabes lo que tienes que hacer y lo que no. Nadie tendrá que decirte nada. No será necesario que haya carteles que indiquen: «No escupir aquí». Tú ya sabes que no tienes que hacerlo.

Deseo desafiar al pueblo de Dios a que seamos los primeros en marcar un estándar más elevado, en el que la gente vea la diferencia. Si estás trabajando en la construcción, la gente para la que trabajas empezará a darse cuenta que no eres como los demás, que no dejas todo sucio cuando terminas un trabajo. Entonces notarán que eres diferente y te darán más trabajo, más oportunidad. Todo será una consecuencia de lo mismo. Cuando el Espíritu de Dios, de gracia, de sabiduría, de excelencia, de ciencia viene a la vida de una persona, todo empieza a ordenarse y aún hasta el trabajo es bendecido. Queremos prosperar y ganar más dinero, pero seguimos cometiendo los mismos errores que antes. Muchas veces hasta le pedimos a Dios que bendiga esas cochinadas.

Pero lo que hace Dios es llenarte con su Espíritu, ordenar tu interior y comenzar un cambio en la forma en que trabajas, en la manera que estás sirviendo, en la forma que estás viviendo.

Tenemos que comenzar a establecer un

estándar en el que la gloria de Dios comience a verse a través de lo que hacemos, de cómo vivimos, de cómo caminamos, de cómo hablamos, de cómo tratamos a nuestra esposa y a nuestros hijos. La gloria de Dios también será manifiesta a través de la forma en que nos conducimos, en la forma que tratamos a los demás.

Cuando el Espíritu Santo comienza a llenarte, te cambia y revoluciona tu vida.

¿Cómo puedes recibirlo?

Si realmente quieres recibir la llenura del Espíritu Santo debes considerar los siguientes consejos:

Obedece la Palabra que has recibido

> «He aquí, yo enviaré la promesa de mi Padre sobre vosotros; pero quedaos vosotros en la ciudad de Jerusalén, hasta que seáis investidos de poder desde lo alto» (Lucas 24:49).

> «Y nosotros somos testigos suyos de estas cosas, y también el Espíritu Santo, el cual ha dado Dios a los que le obedecen» (Hechos 5:32).

Deséalo con todo tu corazón

> «Con mi alma te he deseado en la noche, y en tanto que me dure el espíritu dentro de mí, madrugaré a buscarte» (Isaías 26:9).

Si realmente estás seguro que deseas ser lleno de otro espíritu que no sea el tuyo propio, tienes que estar dispuesto a entregarle las llaves de tu alma al Espíritu Santo. ¿Anhelas la comunión, la pureza y el poder que no has conocido todavía?

Presenta tu cuerpo ante Él

> «Así que, hermanos, os ruego por las misericordias de Dios, que presentéis vuestros cuerpos en sacrificio vivo, santo, agradable a Dios, que es vuestro culto racional» (Romanos 12:1).

La palabra «presentar» en su original griego es «*paristemi*» y quiere decir «poner a disposición». Dios no puede llenar aquello que no le ofreces.

> «El le dijo: Ve y pide para ti vasijas prestadas de todos tus vecinos, vasijas vacías, no pocas» (2 Reyes 4:3).

Pídeselo al Padre

> «Y yo os digo: Pedid, y se os dará; buscad, y hallaréis; llamad, y se os abrirá. Porque todo aquel que pide, recibe; y el que busca, halla; y al que llama, se le abrirá. ¿Qué padre de vosotros, si su hijo le pide pan, le dará una piedra? ¿o si pescado, en lugar de pescado, le dará una serpiente? ¿O si le pide un huevo, le dará un escorpión? Pues si vosotros, siendo malos, sabéis dar buenas dádivas a vuestros hijos, ¿cuánto más vuestro Padre celestial dará el Espíritu Santo a los que se lo pidan?» (Lucas 11:9-13).

Recíbelo por fe

Recibe al Espíritu Santo así como recibiste la salvación, como un regalo de Dios. Si has pensado equivocadamente que el Espíritu Santo es como un premio a los cristianos que se portan bien, es un error. Dios da el Espíritu Santo a todo el que se lo pida. Es más, Él sabe que esa es la única esperanza, la única forma de lograrlo.

> «Esto solo quiero saber de vosotros: ¿Recibisteis el Espíritu por las obras de la ley, o por el oír con fe?» (Gálatas 3:2)

El libro de los Hechos nos presenta las diferentes

manifestaciones de la llenura del Espíritu Santo en el creyente:

> «Y fueron todos llenos del Espíritu Santo, y comenzaron a hablar en otras lenguas, según el Espíritu les daba que hablasen» (Hechos 2:4).

> «Cuando hubieron orado, el lugar en que estaban congregados tembló; y todos fueron llenos del Espíritu Santo, y hablaban con denuedo la palabra de Dios» (Hechos 4:31).

> «Fue entonces Ananías y entró en la casa, y poniendo sobre él las manos, dijo: Hermano Saulo, el Señor Jesús, que se te apareció en el camino por donde venías, me ha enviado para que recibas la vista y seas lleno del Espíritu Santo» (Hechos 9:17).

> «Mientras aún hablaba Pedro estas palabras, el Espíritu Santo cayó sobre todos los que oían el discurso. Y los fieles de la circuncisión que habían venido con Pedro se quedaron atónitos de que también sobre los gentiles se derramase el don del Espíritu Santo.

Porque los oían que hablaban en lenguas, y que magnificaban a Dios» (Hechos 10:44-46).

«Y habiéndoles impuesto Pablo las manos, vino sobre ellos el Espíritu Santo; y hablaban en lenguas, y profetizaban» (Hechos 19:6).

Marco Barrientos es un reconocido ministro de alabanza profética y cántico nuevo. Es conferencista internacional, director de alabanza y adoración y presidente de Amistad Cristiana Internacional y Aliento Producciones. En septiembre de 2004 fundó la iglesia Centro Internacional Aliento en Dallas, Texas, donde reside con su esposa, Carla, y sus dos hijos, Daniela y Marco.

Tengo sed

Letra y Música: Joel Arvizu
MiracleMix © 2004
Usado con permiso

Verso

Tengo sed
Quiero beber
Del agua de vida
Eterna que está en ti

A ti correré
Quiero saciar
El hambre de verte
Frente a frente, Jesús

Coro

Sáciame, Señor
Necesito de tu amor
Pues todo mi interior
Necesita de tu toque hoy, Señor

Contempla

Eres el deseo de Dios

Los pensamientos de Dios para los que le aman son de paz y plenitud. Él te concederá tus mejores deseos y te dará lo que esperas. El Espíritu Santo pintará nuevas imágenes acerca de tu futuro en tu mente y en tu corazón.

«Porque yo sé los pensamientos que tengo acerca de vosotros, dice Jehová, pensamientos de paz, y no de mal, para daros el fin que esperáis» (Jeremías 29:11). Otra versión (DHH) dice: «a fin de darles un futuro lleno de esperanza».

ORACIÓN

«Señor, tu Palabra dice que "nos deseas", que me deseas, y no voy a resistirme más. Me abro completamente. Espíritu de Dios, esperamos en ti bebemos de ti. Sácianos Señor. Necesitamos de tu amor. Todo nuestro interior necesita de tu toque y llenura.»

—MARCO BARRIENTOS

Que los cielos se abran hoy

Letra y Música: Julián Collazos
Aliento Inc. 2004

Verso 1

Que tu fuego queme
Que tu viento sople
Tu poder queremos ver
Tu presencia sane
Tu verdad libere
Que los cielos se abran hoy

Verso 2

Potestades caen
Principados huyen
Ante ti glorioso rey
Libres en tu muerte
Salvos por tu sangre
Poderoso, vencedor

Coro

Santo, santo
Digno, digno
Fuerte, eterno Dios

¿Qué es Amistad Cristiana Internacional?

Amistad Cristiana Internacional es un ministerio interdenominacional enfocado en la motivación, capacitación y desarrollo de la Iglesia hispana en toda la tierra. Sus oficinas principales están en Dallas, Texas, EUA.

Nuestros objetivos son:

- Llevar el mensaje del Evangelio a todas las naciones por medio de la enseñanza de los principios bíblicos, para que conozcan el corazón del PADRE, desarrollen una relación personal con JESUCRISTO y aprendan a ser sensibles al ESPÍRITU SANTO (Juan 17:3).

- Perfeccionar a los creyentes por medio de la capacitación personal en los modelos bíblicos de la alabanza, adoración, oración, lectura y meditación de la Palabra, entre otras, y sean aplicados a la vida del creyente, la familia, el liderazgo y la Iglesia (Ef. 4:11-16).

- Fomentar la unidad del Cuerpo de Cristo para que la gloria y el poder de Dios se manifiesten en la ministración de sanidad, liberación, renovación, y restauración de las naciones.

- Los congresos Aliento Del Cielo (ADC) y ELAM nacieron como una respuesta a la necesidad de traer renovación espiritual e instrucción al pueblo de Dios. Cada uno de estos dos congresos tiene propósitos bien definidos, enfocados hacia el mismo fin: ministrar e instruir al pueblo de Dios.

Los propósitos de ADC son:

- Inspirar el crecimiento espiritual con un modelo de devoción personal dinámico y práctico.
- Fomentar la unidad del Cuerpo de Cristo y la renovación espiritual en la presencia de Dios.
- Renovar las fuerzas y restaurar el alma a través de tiempos de ministración personal.
- Capacitar con enseñanzas prácticas que pueden ser aplicadas de inmediato para el desarrollo de ministerios llenos del poder del Espíritu Santo.

ELAM no es una nueva fórmula musical; es una invitación a ser transformado por una intensa experiencia personal con Dios. El "Encuentro de Líderes, Adoradores y Músicos" nació como respuesta a la necesidad de la Iglesia de tener verdaderos adoradores. Es un desafío para que músicos y líderes de alabanza sean transformados por el poder de Dios.

Dios está levantando una nueva generación de músicos y cantores que tiene un corazón limpio y motivaciones puras. Es una generación que:

- Ha dejado de usar la música para buscar su propia fama y reconocimiento.
- Es libre de la sensualidad y camina en pureza radical.
- Usa la música para traer liberación y sanidad, y no para el entretenimiento.
- Ya no vive para sí misma sino para la gloria de Dios.

Los objetivos de ELAM:

- Comprender las dinámicas del fluir del Espíritu en la adoración.

- Aceptar el compromiso de estar en sujeción y obediencia al pastor.

- Recibir una visión fresca del ministerio musical en la iglesia local.

- Entender que la verdadera adoración es:

  un acto de obediencia a la Palabra de Dios

  una actitud de sumisión a la autoridad de Dios

  la decisión de rendirse a la voluntad de Dios

Viento más fuego

Para contactarnos,
nos puede escribir o llamar a la siguiente dirección:

Centro Internacional Aliento

2500 E Arbrook Blvd.

Arlington, TX 76014

Tel: (214) 302-6580

www.aliento.org

LIBROS de ORACIÓN
y GUERRA ESPIRITUAL
978-1-61638-077-9
CINDY TRIMM
EL ARTE de la GUERRA para LA BATALLA ESPIRITUAL
TÁCTICAS y ESTRATEGIAS para LA LUCHA ESPIRITUAL
978-1-61638-079-3
UNA GUÍA ESENCIAL para LA GUERRA ESPIRITUAL LOS DEMONIOS
RON PHILLIPS
978-1-61638-076-2
ORACIONES QUE REVELAN EL CIELO EN LA TIERRA
JOHN ECKHARDT
Tácticas y estrategias para la lucha espiritual
Herramientas sencillas y poderosas para maniobrar las estrategias de Satanás en su vida
Asóciese con Dios y traiga paz, gozo y avivamiento a su mundo
CASA CREACIÓN
Disponible en su librería más cercana
www.casacreacion.com
9758B